_____ 님의 소중한 미래를 위해
이 책을 드립니다.

심리학,
연애를 부탁해

심리학,
연애를 부탁해

언니가 들려주는 달콤쌉쌀한 연애 이야기 ———

이계정 지음

메이트북스

메이트북스 우리는 책이 독자를 위한 것임을 잊지 않는다.
우리는 독자의 꿈을 사랑하고,
그 꿈이 실현될 수 있는 도구를 세상에 내놓는다.

심리학, 연애를 부탁해

초판 1쇄 발행 2020년 2월 1일 | **지은이** 이계정
펴낸곳 ㈜원앤원콘텐츠그룹 | **펴낸이** 강현규·정영훈
책등록번호 제301-2006-001호 | **등록일자** 2013년 5월 24일
주소 04607 서울시 중구 다산로 139 랜더스빌딩 5층 | **전화** (02)2234-7117
팩스 (02)2234-1086 | **홈페이지** www.matebooks.co.kr | **이메일** khg0109@hanmail.net
값 15,000원 | **ISBN** 979-11-6002-271-1 03180

이 도서의 국립중앙도서관 출판시도서목록(CIP)은 e-CIP홈페이지(http://www.nl.go.kr/ecip)에서
이용하실 수 있습니다.(CIP제어번호: CIP2020000379)

아마도 사랑할 때 우리가 경험하는 감정은
우리가 정상임을 보여준다
사랑은 스스로 어떤 사람이 되어야 하는지 보여준다

• 안톤 체홉(러시아의 소설가 겸 극작가) •

더 이상 사랑 앞에서
주저하지 않기를

대학교 때 만난 친한 선배 언니 이름이 '수현'이다. 우리 집 큰언니가 좋아하는 남자 배우 이름도 '수현'이다. 그러니까 수현씨는 여자일 수도 있고 남자일 수도 있다. 조금은 쓸쓸한 나이일 수도 있고 혈기왕성한 20~30대일 수도 있다.

나는 주로 직장인들을 대상으로 심리상담을 한다. 여러 주제로 상담실을 찾지만 가장 많은 주제는 가족을 포함한 관계의 문제이다. 물론 상담 신청 사유는 진짜 문제가 아닌 경우가 많다.

업무 스트레스를 이야기하다가 고민을 나누기 힘든 애인에 대한 불만이 튀어 나온다. 때론 동료와의 갈등문제로 찾아왔는데 성격이 너무 달라 살아야 하나 말아야 하나 고민하는 부부상담으로 이어진다. 그러니까 결국 수많은 사랑에 관한 문제를 다루게 되는 것이다.

대학원에서 처음으로 '상담심리'라는 분야를 공부할 때, 『나는 사랑의 처형자가 되기 싫다』란 상담사례집이 유행처럼 읽힌 적이 있었다. 심리학자이자 뛰어난 상담자이며 소설가이기도 한 저자를 나 역시 좋아해 책이 닳도록 읽고 후배 상담자들에게 추천도 했다. '사랑의 처형자'란 책 제목이 지금 내게 너무 와닿는 이유는 나도 그와 비슷한 마음이 들기 때문이다.

나는 사랑의 처형자가 되기 싫다. 사랑이라는 문제 앞에서 어떤 잣대를 들이대며 판단하고 싶지 않다. 상담자의 역할은 판단하고 지시하는 것이 아니다. 그저 내담자 스스로가 길을 찾도록 도와줄 뿐이다. 부끄러워 외면하지 않게 손을 꼭 잡아주고 죄책감에 시달릴 때는 그 무거운 마음에 머무는 동안 힘을 보태주려 한다.

문제는 그 과정이 결코 쉽지 않다는 것이다. 하루 빨리 답을 찾아 불안을 떨치고 싶은 이들에게 그저 견디라고 하는 것은 고문과도 같다. 상담자 역시 무기력해져 벌을 받는 심정이 되기도 한다. 그래서 때론 답을 달라는 그들에게 은근슬쩍 내 생각을 내비치기도 하지만 대부분 도움이 되지 않는다. 사랑의 문제라면 더더욱.

나는 연애를 여러 번 해보았다. 그 말은 여러 번 실패했다는 뜻이다. 지금은 결혼도 하고 아이도 낳았지만 때로는 여전히 사랑이 혼란스럽다. 사랑을 이어가는 일은 가장 의미 있는 수행의 길이 아닐까.

아무튼 여전히 기대와 실망을 거듭하고 있지만 그럼에도 불구하고 '결국 사랑!'이란 생각을 포기하지 못했다. 상담에서 다루는 모든 문제는 사랑이 답이라고 생각한다. 자기 자신을 포함한 가족, 동료, 잠시 스쳤던 모든 인연에 대해 사랑의 마음을 활짝 열어놓게 하는 것이 바로 상담자의 역할이다.

이 책은 사랑 중에서도 가장 달콤하고 화려한 시기인, 꽃이라면 장미와 같은 '연애'에 관한 수다다. 연애할 때 고민이 되는 다양한 주제들을 한 편의 소설처럼 엮었다.

이야기의 주인공인 '수현씨'는 내가 좋아하는 수현 언니가 아니기도 하고 그렇기도 하다(언니라면 이런 말 이해해주겠지?). 큰언니가 좋아하는 수현사마는 더욱 아니지만 어떤 면에선 그럴 수도 있다(김수현씨, 저도 조금은 팬이에요). 물론 내 이야기(?)

일 수도 있고 아닐 수도 있다.

특별하지만 보통 사람 수현씨의 연애를 따라 가다보면 사랑에 대한 보편적인 고민에 대한 답을 찾게 되지 않을까? 더불어 수현씨와 함께 등장하는 주변 인물의 서로 다른 사랑 이야기에서 당신과 비슷한 모습을 발견할 수도 있을 것이다.

꽃다운 청춘들에게는 언니의 따끔한 조언이 힘이 되기를, 이미 나이가 든 우리들에겐 아련한 추억을 정리하며 새로운 용기를 얻게 되기 바란다. 이 세상 모든 사람들이 더 이상 사랑 앞에서 주저하지 않기를!

● CONTENTS

2장

정말 인연이 아닐까?

: 시작조차 어려운 연애 :

3장

아니다 싶은데 어떡할까?

: 이별해야 하는 이유 :

4장

죽을 만큼 아프다면?

: 영화로 이별을 애도하다 :

때로 사랑에 관한 오해가 우리를 무모하게 만들거나 저 멀리 도망치게 만든다. 단순한 호감이나 불안, 과시욕과는 다른 사랑이란 뭘까? 시작하는 사랑 앞에서 마냥 행복할 수 없다면 그 이유는 무엇일까? 그토록 어렵게 시작된 인연이 어느 순간 멀게 느껴진다면? 나를 한없이 작아지게 만드는 그 사람이 정말 괜찮은 상대일까?

1장에서는 사랑의 가능성을 따져볼 수 있는 방법과 사랑의 그림자를 함께 소개한다. 사랑의 과정이 늘 행복할 수는 없다. 이때 부정적인 감정에 휩싸여 도망치지 말라고, 행복을 가장한 익숙함에 머무르지 말라고 충고한다. 결국 헤어진다 하더라도 사랑은 좋은 기억이어야 한다.

1장

도대체
사랑이 뭐야?

시작하는 연인들을 위해

첫사랑에
너무 의미를 두진 말자

첫사랑인지, 풋사랑인지, 그저 즐기고 말 인연인지는
시간이 지나야 알 수 있다.
어떤 경우엔 헤어지고 나서야 비로소 깨닫게 된다.

"널 만나기 전에도 연애를 한 적이 있지만, 난 널 첫사랑으로
기억할거야."

소개팅에서 만난 남자와 한 달 전부터 연인이 된 수현씨. 하
루하루가 꿈만 같다. 오늘은 날씨가 좋아서 손을 꼭 잡고 오래
오래 걸었다. 조금 지친 그녀는 집으로 돌아오는 버스 안에서
깜박 졸았다.

수현씨의 무거운 머리가 애인의 널찍한 어깨를 지나쳐 거의
앞으로 고꾸라질 뻔한 그 순간, 따뜻한 무언가가 그녀의 얼굴을
붙잡았다. 두근두근 콩닥콩닥 사정없이 뛰는 심장 소리에 잠이

달아난 수현씨는 뺨에 닿은 그의 손을 잡고 천천히 얼굴을 들었다. 바로 그때 그가 맞잡은 손에 힘을 실으며 문제의 그말을 속삭였던 것이다. 풍선처럼 부풀었던 수현씨의 마음이 조금 야릇해졌다.

집에 돌아와 생각에 잠겼다. '나를 만나기 전에도 누군가와 데이트를 했다니!' 왠지 기운이 빠졌다. 그녀보다 나이도 많고 인기도 많았으니 당연하지만 직접 들으니 기분이 좋을 리 없었다. '그래도 내가 첫사랑이라니 이전엔 사랑이 아니었단 거지?' 잠시 승자의 기쁨이 스쳤다. '그런데 첫사랑? 평생 잊지 못하지만 이루어질 수도 없다는 그거? 그럼 우린 언젠가 헤어진다는 거잖아?'

이제 막 시작했는데 헤어진다니 애인이 야속하기 시작했다. 잠 못 이루는 밤, 그녀의 생각은 걷잡을 수 없이 커져만 갔다. 뭔가 정리가 필요했다. 스마트폰을 들고 검색창을 켰다. '첫사랑', 사전은 이렇게 알려주었다.

'처음으로 느끼거나 맺은 사랑 혹은 진심으로 사랑한 첫 상대.'

수현씨는 조금 안심이 되었다. '역시 나를 진심으로 사랑한다는 고백이었어. 그렇다면 나에게도 그가 첫사랑인가?' 수현씨는 고등학교 때 잠깐 사귄 친구가 있었다. 대학 입학이 결정된 후 자유를 맘껏 누려보자는 욕심으로 이별했다.

죄책감보다는 달콤함이 컸던 시절, 그녀의 두 번째 애인은 신입생 환영회 때 첫눈에 반한 선배였다. 술자리에선 언제나 친밀감이 과장되는 법. 그들은 자연스럽게 연애를 시작했다. 처음으로 근사한 백일 기념식도 하고 값비싼 선물도 교환했다. '아! 이런 게 성인의 연애라는 거지?'라고 생각할 즈음, 그녀의 남자친구는 다른 여자에게 끌렸고 마치 벌을 받듯 차였다.

'미안, 너도 이런 심정이었겠다.' 원망과 자책이 널을 뛰던 그 시절엔 공개 일기장에 유치찬란한 글도 썼다. '나의 첫사랑이 다른 여자와 만나는 걸 봤다.' 돌아보면 사람들이 다 보는 일기장에 그런 말을 썼다는 건 알리고 싶은 마음이 슬픈 마음보다 더 컸던 것 같다. 충격적인 사건이긴 했지만 그 이상도 이하도 아닌 싱숭생숭한 마음이었을 것이다.

아마 그때 쓴 '첫사랑'이란 단어는 이미 끝나버린 관계를 규정하는 의미가 더 컸을 것이다. 역시 '첫사랑'이란 단어에는 이미 추억이 된 그리움의 냄새가 풍기는 법이니까. 그럼 고등학교 때 연애는 사랑이 아니었나? 이전 연애를 무시한 채 첫사랑을 언급했던 게 왠지 좀 미안했다. 수현씨는 '풋사랑'을 검색했다.

'어려서 깊이를 모르는 사랑. 정이 덜 들고 안정성이 없는 들뜬 사랑.'

아, 그래! 그때는 그냥 좋은 친구로 오래 만날 걸 하는 아쉬움이 있었지. 그랬으면 지금도 편하게 술 한 잔 하자고 불러낼 수 있었을 텐데. 그래도 분명히 그 친구를 좋아하긴 했었다. 공부도 잘하고 잘생긴 그에게 끌리지 않을 수 없었다.

호감이 있어야 친구도 된다. 그렇다면 호감과 사랑은 다르다고 해야겠다. 지난 만남들을 돌이켜보고 오늘 그의 말과 표정을 떠올리던 수현씨는 정리가 되는 것 같다.

첫사랑인지 풋사랑인지 그저 즐기고 말 인연인지는 시간이 지나야 알 수 있다. 어떤 경우엔 헤어지고 나서야 비로소 깨닫게 되는 경우도 있다. '우린 아직 어리니까 언젠가는 헤어질 확률도 크겠지.' 수현씨는 야속한 마음을 접고 지금 이 순간 그의 진심만을 받아들이기로 마음먹었다. 제법 진지하게 만나고 있다는 말 정도로 해석하면 되지 않을까?

그녀의 마음을 알아차리기라도 한 듯, 순간 휴대폰이 울렸다. "자다가 깼는데 보고 싶어서." 어둠 속에서 글자들이 반짝거렸다. 이런 기분은 처음인 것 같았다. 동시에 언젠가는 사라질 거라는 생각에 쓸쓸해졌다. 기쁨의 눈물이자 미리 슬퍼진 눈물 같은 것.

수현씨는 사랑이 쉽지 않을 거란 예감에 기분이 조금 가라앉았다. 답장을 보내야 한다. "나도 보고 싶어, 꿈에서 만나." 비현실적인 내용을 포함시켜야 현실의 무거움이 덜어질 것 같았다.

'감당하자.' 수현씨는 이 모든 걸 감당하기로 했다. 당연한 일이지만, 그럴 만한 가치가 있건 없건 사랑을 시작했다는 사실에 벅차 또 한번 울컥했다. 그의 첫사랑 발언이 수현씨의 마음을 더 강하게 만들었다. 이제 우리는 어떤 사랑을 하게 될까?

호감을 넘어
사랑에 이르는 길

이성 문제로 상담을 받으러 오는 경우를 보면, 단순한 호감을 사랑으로 착각했다가 후회하는 경우를 보게 된다. 새로운 사랑이 찾아왔구나 싶어 오랜 연인과 헤어졌는데 알고 보니 아니었다면? 이미 상처받은 옛 애인은 떠났다. 혹은 다른 선택은 물 건너 가버렸다! 따라서 시작하기 전에 내 마음을 잘 들여다보는 것이 중요하다. 사랑인가 호감인가? 사랑인가 불안인가? 사랑인가 과시욕인가?

그럴 듯해 보여 끌렸는데 대화가 잘 통하지 않는 벽창호라면 참 난감하다. 단순히 상대가 나를 좋아한다는 이유로 붙잡고 싶어지는 경우는 어떤가. 흔히 '어장 관리'라고 비난의 대상이 되는 이들은 때로 '버림받는 것에 대한 뿌리 깊은 두려움' 때문에 안전한 상대를 놓지 못한다. 그러니까 불안한 거다. 누가 봐도 멋진 사람이라는 이유 때문에 연애를 시작하는 경우라면 애인을 자기 과시의 도구로 보는 것일 수도 있다. 이 모든 것은 사랑이 아니다. 그렇다면 우리는 어떻게 사랑과 사랑이 아닌 것을 구분할 수 있을까?

융 심리학과 신화학을 연구하는 데이비드 리코는 그의 저서 『나는 왜 이 사랑을 하는가』에서 사랑에 필요한 5가지 열쇠를 나열한다. 관심attention, 수용acceptance, 인정appreciation, 애정affection, 허용allowing이 그것이다. 이는 훌륭한 양육의 조건이기도 하다.

결국 부모와의 건강한 관계 속에서 자존감을 키워나가듯, 성인의 사랑도 5가지 열쇠에 기초한 관계 속에서 성장할 수 있다는 것이다. 물론 표현의 방식은 어린 시절과는 달라야 한다. 어른이 된 우리가 새로운 부모를 찾는 것이 아니기 때문이다.

연애를 시작하려고 할 때 스스로에게 질문을 던져보자. 그의 삶이 궁금한가(관심)? 그의 말과 행동을 판단하지 않고 있는 그대로 받아들일 수 있는가(수용)? 그가 이룬 성과와 잠재력에 대해 기꺼이 칭찬해줄 수 있는가(인정)? 아름답다고, 사랑스럽다고 느끼는가? 스킨십이 자연스러운가(애정)? 그가 원하는 것을 존중하고 허락할 수 있는가(허용)?

물론 단번에 모두 답할 수는 없을 것이다. 그래서 첫사랑은 결과론적인지도 모른다. 뒤돌아보니 그건 사랑이 아니었네, 라고 말하게 될지도. 그러나 적어도 사랑의 가능성은 따져볼 수 있다.

사랑의 가능성을
따져보자

전혀 궁금하지 않을 것 같은 사람이라도 돌아서면 왠지 궁금한 사람이 있다. 외모로는 전혀 내 타입이 아니었는데 대화중에 점점 더 끌리는 사람도 있다. 그러니까 일단 그의 삶을 들어줄 준비가 되어 있어야 한다. 관심을 갖고 나와 다른 삶에 기꺼이 동참하고자 하는 마음이 필요하다. 호기심과 용기 같은 것 말이다.

소개팅 자리에 나갔는데 그저 질문을 받기만 했다면 2가지 경우 중 하나일 것이다. 상대방에게 전혀 관심이 없거나 자의식이 너무 강해 자기에게 집중된 시간만을 허용하거나. 전자라면 다른 사람을 찾아보는 것이 좋겠다. 후자라면 자기 문제를 탐색해보자. 즉 '관심'은 만남을 시작하는 데 무엇보다 중요한 요소다.

관심을 넘어 수용까지 갈 수 있다면 조금 더 가능성이 커진다. 스무 살에 만났던 애인은 내가 늘 못났다고 생각하는 부분을 골라서 좋아해줬다. 예를 들면 이런 거다. "사람들은 너의 눈이 예쁘다고 하지만 난 네 입이 제일 좋아"라는 식.

당시 그의 말에 충격을 받았던 기억이 난다. 늘 부끄러워 남몰래 숨기고 싶던 나의 입술이 다시 태어나는 기분이었다. 있는 그대로 받아들여지는 경험은 참 귀하다. 수치심은 나의 어딘가가 잘못된 것 같다는 부적절감에서 비롯된다. '수용'은 수치심을 거두는 가장 확실한 약이다.

'인정'은 어떤가? 그가 어떤 일을 하건 어떤 상황에 처해 있건 간에 지지하고 칭찬해줄 수 있는가? 그의 잠재력이 의심스럽다거나 성취의 순간에 은근슬쩍 질투가 난다면? 충분히 인간적인 감정일 수 있다. 다만 그 마음을 편히 나눌 수 없고 좀처럼 그 마음이 사라지지 않는다면 다시 한번 생각해봐야 한다. 오랜 시간 함께할 때 서로의 능력을 인정해주고 칭찬과 격려를 해주는 마음은 생각보다 중요하다.

정신분석학자 프로이트도 일과 사랑은 대등하게 중요하다고 하지 않았던가. 가장 가까운 사람과 나의 일을 상의할 수 없다면? 내 성취에 대해 함께 기뻐해주지 않는 사람 곁에서 늘 눈치를 봐야 한다면? 분명 큰 갈등요소가 될 것이다.

반대로 나의 작은 성취나 시도에 대해 지지해주는 누군가가 곁에 있다면? 실패한 순간에도 나의 잠재력을 알아주고 토닥여주는 사람이 있다면 어떨까? 사랑하면 예뻐지고 사랑하면 성장한다는 말이 괜히 있는 것이 아니다.

'애정'은 그와 꼭 붙어 있고 싶은 마음이 얼마만큼인지로 가늠해 볼 수 있다. 때로 좋은 사람인 것 같은데 스킨십을 상상하는 것이 어려운 사람도 있다. 접촉은 서로의 친밀감을 확인하는 중요한 요소인데 거부감이 느껴진다면? 생각해봐야 한다.

'허용'은 욕구 혹은 필요의 문제이기도 하다. 상대방이 원하는 것을 기꺼이 허락할 수 있는가? 나는 매일 만나 사랑을 확인하고 싶지만, 그는 혼자만의 자유로운 시간이 필요할 수 있다. 이때 상대방의 마음을 존중하는 것이 바로 허용이다.

내 맘대로 뭐든 통제할 수 있는 관계는 사랑이 아닌 경우가 많다. 아니, 그것을 바라고 시작된 관계는 그대로 유지될 수 없다. 처음엔 어느 정도 맞춰줄 수 있지만 자기 욕구를 늘 희생하며 살 사람은 없으니까.

첫사랑이란
과연 무엇인가?

어쩌면 첫사랑이란, 사랑을 이어갈 가능성이 충분했기 때문에 그만큼 오래 기억되고 아쉬운 건지도 모르겠다. 사랑이란 그저 감정의 문제가 아니다. 내 삶을 뒤흔드는 사건이다. 그런 사람이 떠난 것이니 상처는 오래 갈 수밖에 없다.

조금만 더 늦게 만났더라면, 조금만 더 그 자리에 머물러 노력했다면, 이런 후회와 아쉬움으로 자꾸 뒤를 돌아보게 되는 것이 바로 '지난 사랑'이다. 하물며 그런 소중한 마음들을 처음 느껴보았다면 그 아픔이 얼마나 클 것인가! 그저 스쳐간 인연이 아니라 마음에 새겨진 사랑, 그럼에도 불구하고 헤어진 그 사랑이 바로 첫사랑이다.

그렇다고 너무 첫사랑에 의미를 두진 말자. 그 무한한 가능성을 갖고도 헤어졌다면 헤어질 운명인 거니까. 다만 다음 사랑은 좀더 성숙하고 좀더 완전에 가까울 것이라고 믿자. 그런 의미에서 첫사랑의 인연을 맺었던 그는 참 고마운 사람이다. 그리고 그때 그 사랑을 놓치지 않고 시작할 수 있었던 나는 참 용감하고 멋진 사람이다.

그렇게 생각하자. 그리고 아직 그런 인연을 만나지 못했다면? 일단 시작해야 한다. 내게 온 사랑을 잘 알아차리고 붙잡아야 한다. 다소 두렵고 미리 슬퍼진다고 할지라도 말이다.

언니의 솔루션

1. 사랑은 단순한 호감이나 불안, 과시욕과는 다르다.
2. 누군가를 만났을 때, 5가지 질문으로 사랑의 가능성을 따져보자.
3. 첫사랑은 보다 성숙한 사랑을 위해 주어진 귀한 선물이라고 생각하자.

사랑은
고통과 함께 온다

기쁘기도 하지만 슬프기도 한,
그 격렬한 감정을 감당하고 갈 것인가 아니면 포기할 것인가?
우리는 둘 중 하나를 선택해야 한다.

간만에 고등학교 친구와 술 한 잔하기로 한 날, 약속 장소에
조금 일찍 도착한 수현씨는 옷가게로 향했다. 가게 안에는 다양
한 옷들이 수현씨를 기다리고 있었다.

올 겨울은 유난히 춥다던데, 고급스런 외투에 눈길이 갔다.
뭐 한번 걸쳐보는 거야 어떻겠나 싶어 주변을 살핀 후 거울 앞
에 섰다. 역시 가볍게 몸에 착 감기는 느낌이 좋았다. 따뜻한 건
말할 것도 없고 양가죽에 양털로 목과 팔에 덧댄 검정색 무스탕
은 과해보이지 않아 더 좋았다.

"역시 남의 털이 제일 따뜻하지!" 한참을 거울 앞에 서있던

수현씨에게 다가온 사장님의 수다가 터졌다. 강추위에 딱이라며 건넨 '남의 털' 발언에 갑자기 양들에게 미안해진다. 좀 추우면 어떻다고. 양의 털과 가죽까지 벗겨서 몸에 걸치는 인간이 너무 이기적인 것 같았다.

동시에 며칠 전 소개팅에서 만난 남자가 떠올랐다. "월동 준비 해야지!"라며 꼬드겼던 주선자의 말이 생각나며 남의 털과 그를 연결시키게 된 것이다. 그러고 보니 사람들은 애인을 칭할 때 '여우 목도리'라고도 하니까. 역시 남의 털이 따뜻한 건가? 어느새 과하게 따뜻해진 외투 속에서 그 사람을 떠올렸다.

소개팅에서 만난 그의 첫인상은 그저 그랬다. 딱히 잘생겼다고 할 순 없었지만 분위기가 있었다. 다소 어두운 기색이 걸리긴 했다. 자리를 옮겨 그가 음악 얘기를 꺼냈을 때, 수현씨는 그만 마음이 조금 움직이고 말았다. 음악은 잘 모르지만 호기심만은 뒤지지 않는 그녀였다. 당장 수첩이라도 꺼내 그가 듣는 음악들을 죄다 적고 싶었다. 찜찜했던 그의 그림자가 매력으로 바뀌는 순간이었다. 동시에 경고음이 울렸다. '삑! 우울한 남자는 노노!'

수현씨는 적당한 거리를 유지한 채 2차까지 무사히 마치고 헤어졌다. 열정적으로 음악에 대해 떠들던 그는 헤어질 때엔 그저 쿨하게 "안녕" 하고 돌아섰다. "언제 시간되면 또 봐요"란 형식적인 멘트를 남긴 채였다. 돌아선 그의 태도가 아리송하기만 한 수현씨는 휴대폰에서 눈을 떼지 못했다. 집에 돌아온 지 한 시간쯤 지나자 한 줄 메시지가 떡하니 화면을 채웠다. "만나서 반가웠어요. 잘 자요."

그 사람은 과연 내게 따뜻한 '남의 털'이 되어줄 수 있을까? 아무리 비싸도 마음에 안 드는 외투는 옷장에 방치되고 결국 버리게 되던데, 내게 꼭 맞는 외투를 어떻게 찾지? 반대로 아무리 내가 필요해도 목도리처럼 매번 친친 감고 다닐 수 없는 애인이란 존재는 때로 나를 외롭게도 할 텐데. '네가 있지만 나는 더 외롭다, 필요할 때 없으니까'와 같은 상황들은 어떻게 감당해야 하는 걸까.

아직 애인이 생긴 것도 아닌데 복잡한 마음만 풍선처럼 부푼 것이 좀 우습기도 했다. 그나저나 그는 남사친이 될 것인가, 애인이 될 것인가, 아님 이도 저도 아닌 그냥 우울한 인연이 될 것인가? 지금 난 설레는 건가, 그냥 심란한 건가, 아님 그냥 추운가? 수현씨는 이런 저런 생각들과 함께 조금 무거워진 무스탕을 벗고 옷가게를 나섰다.

얼마쯤 핸드폰을 만지고 있자니 친구가 툭 친다. "많이 기다렸어? 야, 너 근데 오늘 좀 이뻐 보인다? 연애 하냐?" 오랜만에 만나도 어제 만난 것처럼 편한 친구가 오늘은 좀 낯설다. 수현씨는 소개팅 후 불안해진 마음을 어떻게 표현해야할지 알 수 없어 일단 거리를 두었다. 연애 한 번 못해본 친구한테 연애상담을 할 수도 없는 일.

대답 대신 팔짱을 끼고 최근에 사촌언니가 차린 주점으로 향했다. 친구랑 꼭 한번 가보고 싶은 곳이기도 했고 언니도 보고 싶었다. 그리고 왠지 띠동갑 언니라면 수현씨의 마음을 알아줄 것만 같았다. 결혼할 나이에 독립을 선언하고 집을 나와 작은 가게를 차린 언니는 요리 실력을 맘껏 발휘하고 있었다.

"어머 수현아, 오랜만! 예뻐졌네! 좀만 기다려봐. 일단 맥주 한잔 줄까?" 뭐야 나 정말 예뻐졌나? 평소엔 탄산 땜에 잘 넘기지 못했던 맥주가 술술 잘도 넘어갔다. 연애하면 예뻐진다는데, 연애도 하기 전에 예뻐지면 억울한 건가 좋은 건가? 술술 잘 들어가는 맥주의 힘을 빌려 친구와 언니에게 이야기를 꺼냈다. 소개팅 후 심란해져 잠도 잘 못 자고 잘 먹지도 못하는 그녀의 일상을 듣자마자 사촌언니는 사랑의 시작을 축하했다.

사촌언니의 반응에 수현씨는 얼굴이 빨개졌다. 나, 그럼 상사병인가? 다시 한번 만나보고 싶긴 하다. "잘자요" 같은 기름기 멘트에 가슴이 뛰는 걸 보니 그가 좋은 것 같다. 근데 뭔지 모르게 기쁘지만은 않다. 언제 또 만나자며 의미심장한 눈빛을 보냈던 것도 설레지만은 않았다. 뭐지? 이 기분은? 몇 가지 질문을 던지던 언니는 괜찮은 거라고 말했다. 사랑이 시작되는 거라고. 그걸로 참 좋은 거라고.

행복한데
왜 힘든 거예요?

행복한데 행복하지만은 않다. 2가지 상반된 감정이 함께 존재하는 것을 '양가감정'이라고 한다. "죽고 싶다"고 말하지만 그와 동시에 우리는 상대에게 넙죽 의지하며 살 궁리를 찾는다. 그러니까 살고 싶은 거다.

사랑이 시작되면 마냥 행복할 것 같지만 동시에 불행하다. 다수의 사람 중에 한 명이 내 짝으로 결정되면 안심이 될 것 같지만 때론 더 불안해진다. 한 명을 정한다는 건 대상이 명확해졌다는 것이니 우리의 감정은 더 이상 막연할 수 없는 것이 된다. 네가 곁에 없어서 외롭고 네가 내게 소홀해지니 속상하며 네가 내 맘을 몰라주니 야속하다. 그러니까 너 때문에 불행해지는 상황에 직면해야만 한다.

최근 한 해외 칼럼에서 '연애를 원하지만 원하지 않는 세대'에 대한 글을 읽었다. 결론적으로 말하자면 '깊은 관계를 맺는 것이 불안해서 일정 거리를 두고 사람을 만나는 것'에 관한 이야기다. 늦은 토요일 아침, 브런치를 함께 먹을 사람은 필요하지만 브런치를 함께 먹어야만 하는 사람은 싫다는 것. 야한 농담을 주고받을 상대는 필요하지만 섹스 전후 에너지를 소모할 관계는 싫다는 것. 친구 결혼식에 데려갈 파트너는 필요하지만 친구의 부케를 받고 함께 기뻐할 상대는 마다하겠다는 것이다. 부담 없이 가볍게, 그러나 어느 정도의 수위는 보통 연인과 같을 것. 이것이 요즘 세대가 원하는 연애라니 씁쓸하지 않을 수 없다.

그러나 불행인지 다행인지 그런 관계는 오래 가지 못한다. 결국 우리는 사랑하거나 사랑하지 않을 수밖에 없으며, 그렇다면 연애를 하거나 안 할 수밖에 없지 않을까? 적당한 거리를 두고 살짝 걸친 채 안전을 놓지 않는 관계란 어느 세대건 불가능할 거라는 것. 아니, 가능할 순 있지만 행복하진 않을 것이라는 게 상담전문가로서의 견해다. 따라서 연애 상담은 언제나 양가감정을 다룰 수밖에 없다.

은희경 작가의 산문집『생각의 일요일들』에 '나를 기쁘게 만들 수 있는 사람만이 나를 기쁘게 하지 않을 권력을 갖게 된다'라는 문장이 있다. 기쁘기도 하지만 슬프기도 한, 그 격렬한 감정을 감당하고 갈 것인가 아니면 포기할 것인가. 우리는 둘 중 하나를 선택해야 한다. 그러니까 연인이 될 상대는 내가 힘든 버티기를 감당할 만한 가치가 있어야 한다.

사랑은 존재하는 게 아니라
만들어가는 거야

여기서 기억해야 할 기본 전제가 있다면 사랑은 어딘가 존재하는 것이 아니라는 점이다. 사랑은 하는 것이지 희귀한 보석처럼 어딘가에 있던 걸 발견하고 전시해두는 것이 아니다. 갈고 다듬어 갈 때 얼마든지 변화할 수 있으며 방치하면 퇴색될 수도 있다는 것이다. 아주 작은 가능성만으로 상상할 수 없는 사랑의 결실이 탄생할 수 있다. 그래서 사랑은 놀랍고 또 신비롭다.

이제는 고전이 된 영화 〈미술관 옆 동물원〉에서 심은하가 이렇게 말한다. "사랑은 푹 빠지는 게 아니라 서서히 물드는 거래." 그렇다. 푹 빠져서 헤어 나올 수 없는 감정의 덩어리가 아니라 서서히 물들어서 서로에게 영향을 주는, 한 폭의 수채화에 가깝다. 나의 것과 너의 것이 포개져서 새로운 색깔을 만들고, 그래서 헤어지면 더 아프다. 이미 나는 이전과 달라졌기 때문이다.

그럼에도 불구하고 사랑하는 건 그만한 가치가 있다. 혼자서는 결코 만들어 낼 수 없는 색깔을 둘이서 만들어낸다. 삶은 그만큼 풍성해지고 행복해진다. 그래서 우리는 사랑을 원한다.

그렇다면 어떻게 사랑을 만들어 갈 것인가? 모든 것이 그렇듯이 실패 없이는 배울 수 없다. 그러니 각오하고 시작하자. 언젠가는 헤어질 수 있다. 그래도 귀한 경험이 될 거라는 걸 믿어야 한다. 그래야 사랑을 시작할 수 있다.

행복하지만 힘들 것이다. 나를 슬프게 할 자격이 부여된 그는 얼마든지 그런 상황을 만들고야 말 것이다. 관심이라곤 1도 없는 사람이 모임에 나오건 안 나오건 내겐 아무 타격이 없다. 그러나 내가 사랑하는 그가 모임에 나오지 않는다면? 어쩌면 그 모임에 나간 이유 중 반 이상은 그를 보는 것인데, 그가 나오지 않았다니! 당연히 슬플 것이다. 그러니 사랑의 시작은 고통의 시작을 예고한다.

행복할 기회가 전혀 없는 것보다는 슬프더라도 때론 행복한 것이 낫다. 무덤덤한 채로 평생을 사는 것보다 단 한 번 행복하더라도 슬플 기회를 얻게 되는 것이 더 낫다. 그러고 보면 슬플 수 있다는 건 특권이기도 하다.

매일 밤 반복되는 라디오 디제이의 잘 자라는 멘트에 기대는 것보다 야속한 내 애인과 투닥거리다 잠드는 것이 덜 외롭다. 애인과 싸운 친구를 위로해주고 혼자 돌아서는 길보다 내 애인과 대판 싸우고 혼자 있고 싶어지는 때가 덜 쓸쓸하다.

마음속 깊이 잠들어 있던 슬픔은 사랑을 통해 비로소 세상에 나올 용기를 얻는 것 같다. 누군가 받아줄 수 있다는 믿음이 있기 때문이기도 하다. 그래서 연애를 시작한 사람들은 과거의 아픔을 끄집어내게 되고, 가족 안에서 받은 서러움이 뒤늦게 복받

쳐 오르기도 한다. 그래서 더 연애의 시작이 두려운지도 모른다. 숨겨진 아픔이 너무 크게 느껴지면 영원히 꺼내고 싶지 않기 때문이다.

뿌리 깊은 불신이
주저하게 만든다

한편 설레고 행복한 감정을 그대로 받아들이지 못하는 사람들이 있다. 행복한 순간이 오면 반드시 불행할 것이라는 예감 때문에 마음껏 기뻐하지 못하는 경우다.

이들은 평소 무표정한 채로 세상과 마주하려 애쓴다. 웃는 모습은 너무 천진난만한데도 스스로는 웃어본 적도, 행복한 일도 없는 척 무덤덤한 사람들. 어린 시절 가정불화로 늘 전쟁터 같은 집에서 불안에 떨어야 했다면, 잠깐 행복한 순간이 있어도 곧 불행이 닥칠 것을 알기에 너무 기뻐하면 안 됐을지 모른다. 실망이 크기 때문이다.

이들은 마음속 깊이 '행복은 내 것이 아니야'라고 생각하고 있는 것 같다. 익숙하지 않은 것 앞에서 우리는 보통 불안해지기 마련이다. '자기충족적 예언self-fulfilling prophecy'은 마음속으로 그린 상황이 결국 실제가 되는 것을 말한다. 연애에서도 이 안타까운 현상은 얼마든지 벌어질 수 있다. '그 사람은 내게 호감을 가졌을지 몰라도 결국 나를 떠날 거야'라고 생각한다면 어떨까? 상대방에게 적극적으로 다가가기 어렵고, 사랑이 안정적으로 자라기 어려울 것이다.

이와 비슷한 맥락에서 '행복은 내 것이 아니야'란 생각이 뿌리 깊다면, 설레고 행복하려는 마음과 동시에 우울한 기분을 느낄 수도 있다. 그래서 감정은 더 복잡해지고 선택은 더 어려워지는 것이다. 지금 이 좋은 느낌이 얼마든지 더 커질 수도 있다고 생각하자. 양가감정에서 이긴 긍정적인 기분이 설렘을 증폭시킬 수 있을 것이다.

언젠가 감정은 변할 테지만 그것이 내게 꼭 나쁜 것만은 아니라고 생각할 수 있다면, 불안을 안고도 시작해볼 수 있을 것이다. 이처럼 사람과 관계에 대한 믿음은 사랑 앞에서 더 마음을 열게 한다.

> **언니의 솔루션**
>
> 1. 각오하고 시작하자. 사랑은 결코 쉽지 않지만 그만한 가치가 있다.
> 2. 사랑은 갈고 다듬으며 만들어 가는 것이다.
> 3. 나의 선택과 서로의 마음을 믿고 지금 이 순간 충분히 행복하자.

사랑의 유효기간은
1년?

언제나 뜨겁게 사랑할 수는 없으며 때론 미지근한 것이 좋다.
그럼에도 심심함이 불안으로 바뀌는 순간,
스치고 지나갈 권태기는 이별의 전조가 된다.

은근슬쩍 손을 잡게 된 그날 이후 수현씨는 공식적으로 연애 중임을 선언했다. 처음 만났을 때보다 더 적극적이고 보기보다 감수성이 풍부한 애인은 날마다 그녀를 들었다 놨다 했다. 질척이는 감정들이 반갑지는 않았지만, 흥분되는 연애에 빠져 지루할 새가 없었다. 그리고 문득 그날이 찾아왔다. 귀찮아지는 날.

혼자 있는 시간을 즐기던 수현씨에게 1년간 누군가와 늘 함께였다는 건 어쩌면 기적이었다. 그만큼 그에 대한 사랑이 깊었던 것일 수도 있으니 사랑의 기적인가. 생각해보면 어떤 계기가 있었던 것은 아니다. 굳이 그 시점을 찾으라면 햇살이 유난히 따뜻했던 3월의 어느 날이었다. 긴 겨울을 지나 봄기운 가득한 한 낮에 수현씨는 나른해졌다. 잠깐 딴 생각에 빠져 있었나보다. 부재중 전화를 확인하고 잠시 뜸을 들이다가 전화를 걸었다. 그리고 그는 받지 않았다. 마치 서로 약속이라도 한 듯이. 둘 다 전화는 했지만 둘 다 전화는 받지 못한 상황. 수현씨는 남자친구의 모습을 떠올리며 거울을 보는 것 같다고 생각했다.

학교 축제가 한창이던 그 날, 수현씨의 사진 동아리에서는 거리 사진전을 열었다. 약속대로 학교에 와준 애인은 어느 사진 앞에 멈췄다. 화려한 도시의 야경은 언뜻 보아도 이국적인 낯선 곳이었다. 인물 사진을 주로 찍는 수현씨의 것과는 전혀 다른 느낌의 작품이었다. 눈에 띄게 오랫동안 머물러 있던 그에게 사진 주인이 나타났고 둘은 오래 이야기를 나눴다. 익숙한 남자가 속한 낯선 광경을 멀찍감치서 바라보며 수현씨는 조금 피곤해졌다.

"지금 여기서 니가 제일 예뻐"로 시작하던 첫 마디는 어느 날부터 "늦어서 미안"으로 바뀌었다. "잘 잤어?"로 시작하던 하루의 메시지는 "점심 먹었어?"로 바뀌는 날이 늘었다. "내 꿈 꿔"로 마치던 한밤의 대화는 "오늘 좀 피곤하네"로 끝났다. 애인이 변했다. 처음엔 서운한 티도 내고 싸우기도 했다. 그럴 때면 '난 왜 이렇게 집착하고 있나'란 생각이 들면서 자책하는 횟 수가 늘어났다.

괜찮다고 거절해도 늘 집까지 데려다주던 그였는데, 어느 날부터인가 그냥 돌아서 가버리는 것이 자연스러워졌다. 문득 그 생각에 사로잡히자 수현씨의 마음에 서운함이 쓰나미처럼 밀려왔다. 라디오 사연에서나 듣던 일을 직접 겪고 보니 기분이 썩 좋지 않았다. 일단 울적한 기분이 되자 그간 서운했던 일들이 하나 둘씩 떠올랐다.

회식 자리에서도 짬짬이 연락을 주고 안부를 묻던 그는 언젠가부터 회식 자리라서 핸드폰을 보기가 어렵다고 말했다. 그리고 결국 회식자리에 간다는 말도 없이 연락이 끊기는 일이 생겼다.

아직 학생인 수현씨는 그가 업무 시간 중에 얼마나 자주 시간을 낼 수 있는지 알 수 없었다. 다만 하루에 한 번은 화장실에 가서라도 전화를 하던 그가 업무 시간 중엔 전화가 어렵다며 하루 종일 연락 한번도 없던 날, 수현씨는 생각했다. 이제 화장실도 못 가게 바빠진 건가.

이해할 수 없고, 이해하려니 짜증이 나는 그런 일들이 하나둘씩 쌓여갔다. 기분 좋은 날엔 충분히 이해가 되었다. 나도 친구를 만나면 핸드폰을 잘 안 보는 편이고 화장실에 갈 때마다 핸드폰을 쓰는 건 불편한 일이며, 할 말이 떨어진 건 서로 마찬가지

이니까. 그렇게 스스로를 위로했다. 그러니까 이 문제는 단순히 그가 변했고 그래서 화가 나는 것은 아니었다. 보다 더 근본적인 문제에 맞닥뜨린 기분이었다. 그에 대한 화보다 스스로를 탓하는 마음이 수현씨를 더 괴롭혔다. 아, 더욱더 피로해진다.

전시회가 끝나고 사람들 무리에서 빠져나온 둘은 학교 앞 작은 카페에 들어가 자리를 잡았다. 수현씨가 얼그레이 티를 시키자 그가 말린다. "수현아, 밤이잖아. 카페인 있는 거 먹지 마." 커다란 손의 기분 좋은 온기가 수현씨를 스치고 지나갔다. 울 것 같기도 하고, 웃음이 나올 것 같기도 했다. 후자의 마음이 이겼으면 좋았으련만, 짜증을 내고 말았다. "몰라, 내 맘대로 할 거야."

딸기 라떼를 사이에 두고 둘은 이야기를 시작했다. 서로의 손은 포개졌다 자유로워졌다를 반복했다. 그가 아주 변한 것은 아니었다. 여전히 자상하고 대화가 잘 통했으며, 안 보면 그리웠다. 예전처럼 자주 보진 못했지만 만나면 따뜻했다. 행복과 불행의 비율이 조금 달라진 것뿐이었다. 처음엔 8:2 정도였다면 4:6 정도로?

여기서 중요한 포인트는 부정적인 감정에 시달리는 시간이 행복한 순간보다 늘어났다는 것이다. 그만큼 우울해진 수현씨는 끝내버리고도 싶었다. 그냥 확 그만둬야 하나?

언제나 뜨겁게
사랑할 수는 없다

사람의 감정은 변한다. 연애에서도 마찬가지다. 언제나 열에 들떠 두 사람이 만난다고 상상해보자. 왠지 좀 부담스럽지 않은가. 그러나 막상 경험해보면 쉽지 않다. 그냥 심심함이나 덤덤함으로 채워진다면 다행이겠다. 그러나 우리는 그 심심함을 그대로 수용하지 못한다. 일단 변하면 불안해진다. 심심함이 불안으로 변하는 그 순간, 스치고 지나갈 권태기는 결국 이별의 전조가 된다.

신기하게도 내 마음에 불안이 생기면 상황은 그쪽으로 흘러간다. 불안하지 않을 땐 그냥 지나칠 수 있는 일도 불안하면 다르게 해석되기 때문이다. 평소 같으면 "아, 피곤하다"라는 상대방의 말에 "피곤하지? 어서 자"라고 할 테지만 오늘은 말줄임표가 되는 상황 같은 것. 마음속으로 '이제 나랑 얘기하기도 피곤하다는 거지?'라는 의심의 싹이 튼다. 의심을 키우며 만난 그에게 기분 좋은 표정을 지을 수 있겠는가.

상대의 표정에서 불안이 읽히면 관계는 불편해지기 시작한다. 그보다 더 좋지 않은 것은 불안한 마음을 숨기기 위해 거리를 두게 되는 것이다. 사소한 일에 화를 내거나 미리 슬퍼하며 만남을 미루거나 혹은 지나치게 매달리는 일 등.

때로 우리는 약한 감정을 숨기기 위해 너무 애를 쓴다. 스스로 만든 불안의 씨앗을 상대에게 없애달라며 떼를 쓰기도 한다. 그렇게 갈등은 시작되는 것이다.

이제 일상이 된 서로가 좀 지루해진 걸까? 그렇다면 관계에 활력을 줄 새로운 자극이 필요하다. 그렇다고 대단한 이벤트를 하라는 건 아니다. 1년간 판단으로 덮어두었던 상대방과 우리의 관계를 좀더 세밀하게 살펴보는 거다. '나의 애인'이라는 이름표를 붙이고 내 앞에 나타난 그를 보지 말고, 인간OOO로 만나보자. 마치 오늘 처음 만난 사람처럼.

수현씨의 애인은 알고 보면 인물 사진보다 풍경 사진에 관심이 많은 사람인지도 모른다. 도시의 야경이 그의 특별한 추억을 소환했는지도 모를 일이다. 낯설지만 그가 머무는 시선들에 있는 그대로 머물러보자. 어쩌면 1년 만에 처음으로 순수하게 그를 아는 계기가 될 수도 있다.

뜬금없이 아내에게 선물을 주는 한 남편은 이렇게 말했다고 한다. "오늘이 당신 태어난 지 12,345일째 되는 날이잖아, 축하해!" 아! 나도 모르는 나의 기념일을 챙겨주는 그가 달리 보이지 않을 수 없다.

그가 변한 것이 아니라
내가 변한 것이라면?

어쩌면 내 마음이 변한 것일 수도 있다. 심리학에서 나의 마음을 너의 마음인 것처럼 착각하는 현상을 투사projection라고 한다. 마치 거울을 보듯 그의 행동을 바라보는 것이다. 내가 그를 예전만큼 좋아하지 않으니 상대의 사소한 결점도 커보이는 거라면? 그를 좋아하는 마음은 변함 없더라도 나의 삶이 위기에 빠져 있는지도 모른다.

일에서 관계에서 삐걱거리는데 나의 미래를 같이 할 그가 그대로일 리 없다. 그러니 먼저 내 마음을 들여다봐야 한다. 자신감이 떨어졌는지, 삶의 공허와 마주하게 되었는지 말이다.

나의 모든 절망을 그와 함께 나눌 수는 없다. 나의 모든 외로움을 그가 다 채워줄 수도 없다. 그러니 일단 내 삶을 좀더 풍성하게 할 필요가 있다. 타인으로 채울 수 없는 외로움은 혼자 감당해야 한다. 사랑과 인정이 필요한 만큼 자기 실현과 자유 등혼자일 때 충족되는 욕구도 중요하다. 우선순위가 다를 뿐이지 사랑받고 싶은 사람이라고 해서 상반되는 다른 욕구를 매번 좌절시킨다면 그 역시 행복할 리 없는 것이다.

그렇다. 어쩌면 너무 사랑과 인정에 많은 비중을 두었던 내게 삑 하고 경보음이 울리는 건지도 모른다. 자, 이제 1년 잘 즐겼지? 너 자신을 좀 봐주라고. 애인 그만 보고!

그렇게 되면 권태기의 시작은 진정한 나를 찾는 시작이 된다. 운동을 하면서 내 몸을 더 잘 보살펴줄 수도 있다. 야속한 애인에 대한 마음을 에너지 삼아 취미 생활에 열정을 쏟을 수도 있다. 함께 영화를 보면 함께 있는 즐거움이 추가되지만 영화에 대한 집중도는 낮아진다. 음악도 마찬가지이겠고. 한편으로 미뤄두었던 책을 챙겨보는 등 찾아보면 외로움을 달래줄 좋은 것들이 너무나 많다. 그리고 또 함께하면 된다. 사랑하는 사람이라면, 인연이라면 나눌 기회는 반드시 온다. 그렇게 믿자.

미지근한 것이
건강에 좋다

아이를 낳기 전, 몸이 급격히 안 좋아져 한의원을 찾은 적이 있다. 한의원에 진지하게 가본 적은 처음이라 궁금한 질문이 수두룩했다. 사상체질을 물었다. "선생님, 저는 소음인인가요, 소양인인가요? 어떤 음식을 피해야 하나요? 뭐가 몸에 좋나요?"

이 모든 질문을 한방에 해결해준 선생님의 답변은 이랬다. "그냥 몸이 잘 받는 음식을 드세요." 허무하지만 그게 답이란다. 몸이 거부하는 건 먹지 말 것. 매운 것만 먹으면 탈이 난다면 매운건 먹으면 안 된다. 토마토가 몸에 좋다지만 생각만 해도 위에서 신물이 난다면 토마토는 나와 맞지 않는 음식인 것이다.

그리고 또 하나 한의원에서 강조한 것은 '미지근한 것이 몸에 좋다'는 것. 언제나 뜨겁게 연애할 수 없는 것을 넘어서 너무 뜨거우면 탈이 나게 마련이다. 잔잔해지는 그 순간에 진정한 사랑을 느낄 수 있는지도 모른다. 나를 크게 자극하지 않아도 그저 곁에 있는 것만으로 좋은 사람. 내 몸에 잘 맞는 옷처럼 저절로 손이 가고 편안한 사람. 권태기라는 위기의 순간에 나의 절망을 그대로 들어줄 수 있는 그러면 내 몸에 잘 받는 음식처럼 내 건강에도 좋다는 말이다.

볼 때마다 붙잡고 싶어 안달나지만 붙잡고 나면 더 쓸쓸해지는 사람은 나와 맞지 않는지도 모른다. 매운 음식처럼 말이다. 그 사람 참 괜찮다고 주변에서 입이 닳도록 이야기하지만 나의 아픈 곳만 자꾸 찌른다면 나와 상극인지도 모른다. 내겐 토마토가 건강 음식이 아닌 것처럼.

권태기는 나와 진정 맞는 사람인지 아닌지를 판가름할 수 있는 귀한 시간이기도 하다. 서로의 절망이 만나는 그 시기에 관계를 점검해보자. 함께 아파하며 더 단단해진다면 더 없이 좋겠다. 힘없이 떨어져나가 허무에 허무를 더하게 된다면 슬프지만 내 사람은 아닌 것이다.

가을비가 내리고 나면 본격적인 추위가 찾아온다고 했다. 새벽부터 내린 비가 어느새 그쳤다. 추워진다고 하지만 맑아진 공기가 반갑기도 하다. 한 사람과 사계절을 함께 보내고 또 다른 사계절을 맞이할 수 있다는 건 어쩌면 기적이다. 같은 계절을 반복하고 또 반복하며 관계는 점점 더 깊어진다. 그 과정에서 때론 추위를 온몸으로 견뎌야 할 때가 있다. 다행인 것은 추위와 함께 찾아오는 맑은 기운 역시 내 것이 된다는 것이다.

우리는 불안을 견디고 추위를 뛰어 넘어 한층 성숙해진다. 곁에 있는 그가, 혹은 앞으로 사랑하게 될 그 사람이 성숙의 기회를 줄 수 있는 사람인가? 아니, 문제의 8할은 나인지도 모른다. 난 내 몸에 좋은 것을 잘 받아낼 준비가 되어 있는가.

언니의 솔루션

1. 감정이 변한다는 것을 받아들여라.
2. 상대를 낯설게 바라볼 때 관계에 활력이 생긴다.
3. 연애의 권태기를 나 자신을 돌보는 시기라고 생각해보자.

그 사람은 나를
괜찮은 사람으로 만들어요

서로의 취향을 존중하고, 새로운 자기^{self}를 발견하는 과정에
기꺼이 함께할 수 있는 사람을 만났을 때
우리는 더 행복할 수 있다.

무언가 어긋나는 날이었다. 아침형 인간을 자부하던 수현씨
가 늦잠을 자다니. 졸업과 동시에 취직한 그녀는 이제 간신히
신입사원 딱지를 뗐는데 지각이라니!

미친 듯이 준비를 마치고 역까지 달렸다. 감지 못한 머리가
무겁게 수현씨의 등을 때렸다. 황급히 지하철을 탔는데 을지로
3가에서 내리는 사람들을 비켜주다가 그만 다시 열차에 오르지
못하고 말았다. 아, 가까스로 지각은 면했다고 생각했건만. 하
필 굽이 높은 구두를 신고 나와 다리가 후들거렸다. '아 정말 오
늘 이상해'라고 생각할 즈음, 그가 나타났다.

"오랜만이야."

헝클어진 머리를 고쳐 묶다 말고 수현씨는 그대로 머리채를 당겨 뒤로 넘어질 뻔했다. 그를 처음 만난 건 동문회 자리였다. 멀끔하게 잘생긴 그의 첫인상은 차가웠다. 외모, 학벌, 집안 배경까지 뭐 하나 빠질 것 없는 그에게 그날 모인 여학생들의 관심이 집중되었다.

진심인지 거짓인지 모임이 끝나고 나서는 하나같이 그를 욕했다. 뭐 그런 재수 없는 사람이 있냐며 잘난 척이 하늘을 찌른다는 이야기부터 그런 타입은 딱 질색이라는 말까지. 수현씨도 거들고 싶었지만 딱히 보탤 말이 없었다. 묘하게 카리스마를 내뿜는 사람이었다. 그리고 그에게 전화가 왔고 수현씨의 가슴은 주책없이 뛰었다. '대단한 그 남자가 나에게 연락을?'

3개월 정도 만났나보다. 그는 생긴 대로 빈틈없는 사람이었다. 자기뿐만 아니라 여자 친구도 마치 본인인 양 챙겼다. 처음엔 그런 태도가 자상하다고 생각했다.

그러나 시간이 지날수록 수현씨의 마음은 불편해졌다. 남자가 원하는 여자가 되어야 한다는 강박에 시달렸고, 그를 만날 때마다 긴장해야 했다. 아침에 나가기 전엔 어떤 옷을 입어야 그가 예쁘다고 할지 한참 고민했고, 미용실에 다녀와서는 제일 먼저 그의 반응을 걱정했다. 그녀의 삶 곳곳에 사전 검열 시스

템이 끼어든 것이다. 걱정과 근심이 쌓이니 울적한 날도 많아졌다.

연애는 행복하자고 하는 건데 이렇게 만나도 되나 싶었다. 그럼에도 불구하고 긴장 속에서 그의 취향을 맞춰주고 나면 그녀는 세상 최고의 여자가 되었다. 그 짜릿함을 놓기가 힘들었다.

그러나 그녀는 늘 그보다 작았다. 그에게서 좋은 평가가 내려지기를 기다리며 늘 위축되었다. 당당히 그녀가 원하는 걸 말하지 못하니 답답하고 울적했다. 더 안 좋은 건 그녀의 취향이 사라졌다는 거였다.

그러던 어느 날 그는 떠났다. 이별은 슬퍼야 하는데, 수현씨는 동치미 국물을 한 사발 들이킨 양 속이 시원했다.

이제 그는 수현씨의 중요한 대상 목록에서 완전히 지워졌다. '오늘 정말 재수 없는 날이야!'라고 떠올리는 동시에 그는 영 아닌 사람인 걸로 결론이 난 것이다.

그러고 보니 지금 만나는 애인이 썩 괜찮았다. 때론 좀 지루하고 또 가끔 불안할 때도 있지만 적어도 그 앞에 섰을 때 주눅 들지 않았다. 새로 산 옷을 입고 나갈 때나 새로 한 머리를 처음으로 보여주게 될 때, 스스로 조금 어색할 뿐이었다. 날카로운 지적에 긴장하는 일이 없다는 것만으로도 편안했다.

그는 결코 수현씨의 우위에 서려 하지 않았고, 행여나 그렇게 될까봐 조심스럽게 말하고 행동했다. 수현씨는 그와 만나면서 '존중'이 무엇인지 알게 되었다. 어릴 적 삼촌의 "결혼은 권력관계야"라는 말을 반박하고 싶어졌다. 거절당할까 두려워 애써 포장하지 않아도, 무시당하기 싫어 어색하게 힘을 주지 않아도 관계는 충분히 유지될 수 있다는 것을 배워갔다.

만원 지하철에서 샌드위치가 된 채 이런 저런 생각을 하는 동안, 애인의 메시지가 도착했다. "출근 잘 하고 있어?" 바로 답장을 보냈다. "나 오늘 머리도 못 감고 뛰었는데 지각할 듯. 망했어." 그의 글자들이 부드럽게 말을 건다. "괜찮아. 서두르면 다치니까 조심하고. 그리고 수현, 안 감은 머리 너무 사랑스러운 거 알지?" 순간 눈물이 핑 돌았다. 잊고 있던 지난 연애에 대한 분노인지, 지금 이 순간의 기쁨인지, 이것저것 뒤섞인 감정들이 흘러나왔다.

나도
당당하고 싶었다

아무리 의존적인 사람도 혼자 결정하고 싶을 때가 있다. 상대의 욕구에 잘 맞춰주는 사람은 사실 원하는 게 있지만 양보하거나, 크게 거슬리지 않는 선에서 포기하는 것일 뿐이다. 즉 우리는 표현이 강하건 약하건 간에 개별적인 취향을 갖고 살아간다.

표현을 하고 안 하고는 성격의 차이일 수도 있고, 때론 아직 몰라서일 수도 있다.

나의 취향을 아는 건 행복하게 사는 데 매우 중요하다. 일상에서의 행복은 결국 내가 좋아하는 것을 더 많이 하거나 내가 싫어하는 것을 잘 피할 수 있을 때 가능하다. 내 취향을 알아야 "노!"라고 바로 말할 수 있고, 그러면 억지로 인내해야 하는 수고를 덜 수 있다. 또 가벼운 선택지 앞에서도 재빨리 나의 선호대로 움직일 수 있어 즐거워진다. 시행착오를 줄일 수 있고, 나의 행동에 대한 자신감도 생긴다.

그럼에도 불구하고 우리는 취향을 잘 모르는 경우가 많다. 취향은 타고나는 것이 아니고 환경에 의해 변하기도 한다. 그래서 개인의 취향을 찾아가는 과정 그 자체가 소중하다. 이때 중요한 것은 '자유'와 '여유'이다. 다양한 경험에 뛰어들 수 있어야 하고. 그것에 머물러 내 마음을 돌아볼 시간이 필요하다. 지나치게 긴장하거나 눈치를 살피게 되면 안 된다. '자율성'이 전제되어야 하는 것이다.

불필요한 긴장감을 내려놓고 잠시 나를 바라볼 여유를 찾는 것. 그리고 자유롭고 당당하게 내 선호를 말할 수 있는 것. 이 과정을 통해 우리는 취향을 찾게 된다. 그런데 이 2가지가 다 막혀 있다면? 새롭게 나의 취향을 찾기는커녕 점점 위축된 채 있던 취향도 표현하기 어려워진다면? 자기 색깔이 강한 사람에게 끌리는 이유는 나도 그러고 싶기 때문이다. 그런데 상대가 다른 색깔을 존중하지 않고 자기 식대로 길들이고 싶어 한다면?

나도 알고 보면
부드러운 사람인데

조금 다른 차원에서 매번 악역을 맡게 되는 관계도 있다. 나도 누군가에게 부드럽고 싶은데 그런 역할이 좀처럼 주어지지 않는다. 나의 강한 모습에 끌렸다는 그에게 약한 모습을 보이면 안 될 것만 같다. 혹은 부드러운 표현이 잘 전달되지 않는다고 생각하면 점점 더 거칠고 강해지기도 한다. 그러나 늘 화를 내는 역할이 달가울 리 없다. 사랑하는 사람에게 좋은 사람이 되고 싶은 것 역시 인간의 보편적인 욕구이기 때문이다.

누구 앞에 서면 한없이 부드러워지는데 누군가에게는 늘 냉정해지는 경우가 있다. 태도가 변하는 건 나이니 내 문제이기도 하다. 하지만 나라는 존재의 인격은 어떻게 관계를 맺느냐에 따라 달라질 수 있기에 관계의 문제라고 할 수 있다.

최근 심리학계에서는 '자기self'라고 규정짓는 것에 대해 회의적이다. '자기'라는 개념이 존재하는 실체라면 '자기를 찾는다'는 말이 성립될 것이다. 그러나 그 존재 자체를 부정한다면 없는 자기를 찾는다는 것이기에 말이 되지 않는다.

즉 '고정된 자기(self)는 없다'고 보는 것이다. 우리의 인격은 관계와 상황, 맥락에 따라 변한다. 그렇다면 누구와 연애를 하느냐는 더 중요해진다. 내 삶의 깊숙한 곳에 들어온 그와의 상호작용이 나의 인격을 형성하는 데 큰 역할을 하기 때문이다.

우리는 흔히 어린 시절이 중요하다고 말한다. 가족은 가장 작은 단위의 사회이기 때문이다. 나를 낳아준 부모나 나를 키워준 양육자와 어떤 관계를 경험하느냐는 기본적인 인격 형성의 토대가 된다.

현재 나에게 독이 되는 관계를 끊지 못하는 건 익숙하기 때문이다. 가족 안에서 경험한 부정적인 패턴이 나쁘지만 익숙해서 쉽게 놓을 수가 없다. 특히 불안한 상황에서는 모험을 하기보다 편한 쪽을 찾게 된다. 그러나 익숙함과 행복함은 다르다. 그럼에도 불구하고 익숙한 불행함에 정착하는 이유는 그 관계가 안정감을 주기 때문이다.

당당하지 못하고 부드러워지지 못하는 2가지 경우도 마찬가지다. 강압적인 부모 혹은 욕구를 살펴주는 누군가가 없이 방치되었던 사람은 자유로운 취향 찾기에 취약하다. 반대로 너무 약한 부모 혹은 고집스럽지만 제 역할을 하지 못한 부모와 더불어 위험스러운 어린 시절을 버텨내야 했다면, 싸움터에 홀로 나선

전사처럼 강한 모습을 보여주기 마련이다. 그러나 그게 썩 행복하지 않고 지친다. 그럼에도 불구하고 내 약한 모습을 드러내고 의지하는 것에는 미숙하기 그지없다.

그와 함께 있을 때,
참 괜찮은 나

누군가는 그 사람과 함께 있을 때의 나를 스스로가 좋아할 수 있다면, 그것이 사랑이라고 말한다. 우리는 완벽하지 않다. 스스로에게 불만인 점이 있을 수밖에 없다. 이런 나의 부족한 면을 있는 그대로 보여줄 수 있는 사람이라면 어떨까? 부족한 걸 알지만 숨기지 않아도 되고, 있는 그대로도 괜찮다고 말해주는 상대라면? 자유롭고 당당하게 훨훨 날아가는 내 모습이 흡족하지 않을까.

부끄럽지만, 도전해보는 내 손을 꼭 잡아주는 그런 든든한 사람 말이다. 도무지 취향이 없는 내가 새로운 걸 시도할 때 "그래 한번 해봐!"라든지, "생각보다 잘 어울리는데!" "아, 너 그거 좋아해? 나도 한번 먹어볼까?"와 같은 반응이라든지. 기꺼이 덥석 받아주는 그의 추임새가 있다면 취향을 찾을 자유와 여유가 절로 생길 것이다.

한편 성실하고 책임감이 강하며 보호자의 역할을 마다 않는 내가 "오늘은 나 좀 안아줘"라고 말할 때, "그래 안아줄게" "기대줘서 고마워" "자기 이야기도 들려줘"라며 내 약한 모습을 두 팔 벌려 환영하는 그가 있다면 어떨까? 나의 숨겨진 부드러운 모습을, 혹시나 잘못된 것일까 혼자 몰래 삭이던 약한 나를 편안하게 드러낼 수 있을 것이다. 그렇게 자아는 확장되고 풍요로워지며 행복해진다.

함께 행복할 수 있는
사람과 만나라

'그 사람이 행복하면 나는 무조건 행복하다'란 말은 거짓말이다. 그 사람도 행복하고, 나 역시 행복해야 한다. 운이 좋아함께 행복할 때도 있겠지만, 때론 서로 양보하며 상대의 충족된 욕구에 축하해줄 수 있어야 한다. 사랑하는 사람이 만족감을 느끼는 것도 좋은 일이지만, 매번 축하의 역할만 하다가는 지치고만다. 화가 날 수도 있고, 무기력해질 수도 있다.

나의 욕구도 존중해주고, 다양한 나를 환영해줄 수 있는 사람과 만나라. "너 대체 왜 그래?" "그건 너에게 맞지 않아!" "넌 틀렸어, 나만 따라와!"라고 말하는 사람에게 끌려가지 말자. 나도 내 마음대로 행복할 권리가 있다고 말하자. 그러니 내 마음을 좀 들어달라고. 새롭게 시도하는 일에서 서툴고 때론 실수도 하겠지만 믿고 기다려달라고. 내가 원하는 것은 너와 다르다고 용기 내어 말해보자. 그렇게 서로의 잠재력을 확인할 수 있는 관계라면 괜찮다.

움츠리고 있던 작은 내가 너를 만나 활짝 꽃피울 수 있다면. 그런 나를 알아볼 수 있는 사람이라면 그게 사랑이다. 언젠가 헤어지게 된다고 해도 그대로 참 좋은 것이다. 사랑은 좋은 기억이어야 한다. 가수 김광석도 노래하지 않았던가. 너무 아픈 사랑은 사랑이 아니었음을.

언니의 솔루션

1. 애인 앞에서 너무 긴장하게 된다면 존중받지 못하는 관계일 수 있다.

2. 다양한 나의 모습을 반겨주는 사람과 만나라.

3. 익숙한 것과 행복한 것은 다르다.

"인연이 아니다"란 말은, 상처받은 나를 위로하고 상처를 준 그를 용서하기에 좋은 표현이다. 또 실제로 노력만으로 될 수 없는 것이 사랑이다. 그럼에도 불구하고 노력조차 어려워 사랑을 시작할 수 없다면, 내 안의 해결되지 않은 문제를 점검할 필요가 있다.

2장에서는 인연이 아니라며 상대와 거리를 두게 될 때, 내 마음을 돌아보고 문제가 있다면 조금씩 해결해가는 방법을 소개한다. 때로는 그저 받아들이는 것만으로 새로운 가능성을 발견하게 된다. 사랑의 가능성을, 사랑이라는 기적을 말이다.

2장

정말
인연이 아닐까?

시작조차 어려운 연애

변한 게 아니라
인연이 아니라고?

관계는 상호적이라 갑작스럽게 이별 통보를 받았다는 건
위기를 감지하지 못한 내 문제이기도 하다.
내 감정에 빠져 그와 우리를 보지 못했던 건 아닐까?

입사 1년 차, 이제 일이 좀 익숙해진 수현씨는 사람이 보이기 시작했다. 깐깐한 사수는 여전히 무섭지만 정이 많은 사람 같다. 그 옆자리 김대리는 볼수록 매력적이다. 수수한 옷차림에 말수도 적고 좀처럼 튀지 않는 그녀였지만 매너 있고 일도 잘했다. 김대리를 향한 수현씨의 존경심은 결국 상대의 사생활에 대한 궁금증으로 번졌다. 결혼했나? 애인은 있을까? 어떤 스타일을 좋아할까?

무더운 여름밤, 지루한 회식자리를 끝내고 집으로 돌아가는 길. 수현씨는 기다렸다는 듯이 김대리의 팔짱을 꼈다. "대리님,

저랑 한 잔만 더 해요!" 소주 반병에 얼굴이 벌게진 김대리는 빙그레 웃으며 순순히 수현씨와 발을 맞췄다. 신이 난 수현씨는 빠르게 주변을 살폈다. 어딜 가면 좋을까? 순간 'Abbey Road' 란 간판이 보였고 둘은 동시에 걸음을 멈춰 2층으로 올라갔다.

기대와는 달리 허름한 술집에는 에어컨 소리가 요란했다. 그 소리를 애써 잠재우는 비틀즈의 음악은 왠지 쓸쓸하게 들렸다. 생맥주 두 잔을 시키고 잠시 숨을 고르던 찰나, 요란하게 '너의 손을 잡고 싶다'고 외치던 음성은 잔잔한 기타 소리와 아름다운 화음으로 바뀌었다. 'Here, There and everywhere.'

"아, 내가 좋아하는 노래야." 혼잣말하듯 속삭이는 김대리의 목소리에 수현씨는 순간 술이 확 깼다. 바람 같은 목소리가 너무 슬펐기 때문이다. "대리님, 이 노래 좋아하시는구나…." 두 여자의 은밀한 대화는 그렇게 시작됐다.

서른 중반을 바라보는 김대리는 혼자다. 연애를 안 한 지도 꽤 돼서 주변 사람들은 당당하게 혼자의 삶을 즐기는 그녀를 부러워하기도 했다. 그러나 그런 그녀에게도 속사정이 있었다.

김대리의 이름은 김시은. 대학을 졸업하고 취업 준비를 한다며 방황하던 시절, 대학원생 친구와 자주 술을 마셨다. 춤을 추러 가기도 했고, 어떤 날은 취중에 아무나 불러 술자리를 키우기도 했다. 그날 밤에도 시은의 친구가 대학원 선배를 불렀다.

키가 너무 커서 한참을 올려다본 것 말고는 그에 대해 잘 기억이 나지 않았다. 며칠 후, 그에게서 전화가 왔고 시은은 무섭게 그에게 빠졌다.

만난 지 3개월 만에 결혼까지 생각했다. 그리고 반년이 채 되지 않은 어느 날, 이유 없이 떠나 버린 그를 보면서 앞으로 사랑 같은 건 못 하겠구나 싶었다.

처음 만난 날, 남자는 여자 앞에서 비틀즈 노래를 신청했었다. 어디에서든 사랑은 결코 죽지 않는다는 이 노래를. 결국 그 사람은 "인연이 아닌 것 같아"라며 호주머니에서 묵주를 꺼냈다. 그녀를 따라 성당에 다니기로 결심한 그가 고맙고 사랑스러워, 시은은 엄마에게서 받은 묵주를 선물했었다. 테이블 위에 덩그러니 놓인 그것이 참 우스워졌다.

무심한 척 시은의 얼굴을 피하려는 남자 앞에서 빠르게 지난 시간을 거슬러 올라가보았다. 아니, 실은 그의 연락이 뜸해지기 시작했을 때부터 매일 매순간 생각했던 것들이긴 했다. 도대체 어느 순간부터 어긋난 걸까? 교정기를 끼고 나간 그 날부터 못생긴 내 얼굴에 실망한 걸까? 짧은 머리를 억지로 묶고 나갔던 날, 그의 눈빛이 흔들렸던 것 같기도 하다. 나이 많은 남자친구에게 말을 너무 짧게 한다며 장난처럼 삐쳤던 그 순간, 실은 정말 기분이 상해 정이 떨어졌나?

수십 수백 번 기대하지 말자며 마음의 준비를 하고 나갔건만, "인연이 아닌 것 같다"는 말에 가슴에서 쿵 하는 소리가 들렸다. 처음 봤던 그 날처럼 낯선 남자가 그녀 앞에 앉아 있었다. 천천히 몸을 기울여 묵주를 집어 드는데 머뭇거리던 그는 결국 먼저 일어났다. 오늘따라 긴 다리가 거추장스럽다는 듯 어색하게 걷는 그의 뒷모습이 마치 서늘한 공포 영화의 한 장면 같았다고 김대리는 말했다.

어둑한 술집 조명 아래서 김대리의 눈이 반짝거렸다. 그 아련한 기억 속에서 그녀는 무얼 발견한 걸까. 김대리를 보던 수현 씨의 가슴이 먹먹해졌다. 똑같은 경험을 해본 적은 없지만 그 쓸쓸한 마음을, 그럼에도 불구하고 잊지 못하는 그 심정을 알 것만 같았다.

괜한 걸 물었나 후회가 될 즈음, 김대리의 얼굴에 번진 다정한 미소가 수현씨를 안심시켰다. 하도 오래 전 일이라 다 잊었다고 생각했는데 오늘 이렇게 생생하게 떠오르는 게 이상하다고 했다. 그래도 이렇게 털어놓고 나니 시원하다고, 고맙다는 말도 잊지 않았다.

슬픔이 스치고 간 자리에 맑고 투명한 얼굴들이 빛났다. 두 여자는 약속이라도 한 듯 남은 술을 한번에 비웠다. 술은 이제 그만 먹고 좀 걷자고 했다. 홍대 앞 골목길을 말없이 걷고 또 걸었다. 각자의 추억 속으로 뚜벅뚜벅 천천히. 오늘은 조금 그리워해도 될 것 같았다.

갑자기 연락이
뜸해진 그 사람

썸 타는 사이였던 그가 연락을 끊었다면? 애인이 갑자기 잠수를 타버렸다면? 어제는 사랑한다 고백해놓고 오늘은 인연이 아닌 것 같다고 말한다면?

아무리 감정의 문제라 할지라도 머리로 이해하려는 노력을 버릴 수가 없다. 그대로 받아들이기엔 너무 가혹한 형벌 같아 대체 무슨 죄를 지은 건지 곱씹게 된다. 내 마음은 여전히 그를 향해 있는데 심지어 더 뜨겁게 불타오르고 있는데, 이제야 조금 마음을 열 수 있을 것 같은데 '이제 그만'이라니 말이다.

대체로 황당한 이별은 짧은 만남 후에 찾아온다. 오래 만나 서로에 대해 깊이 알게 된 후에는 갑작스러운 이별도 이미 예견된 것이거나 이해가 될 만한 것이 대부분이다. 그러니 어쩌면 짧은 만남은 '인연이 아닌 것'이 맞다. 뭔가 서로 더 엮일 새도 없이, 설득의 여지없이 툭 끊어져버린 관계. 노력할 기회도 주지 않는 상대라면 붙잡아도 돌아올 리 없다.

그러니 깨끗하게 내려놓는 것이 최선이다. 다만 같은 상황이 반복된다면 내 문제에 대해 돌아볼 필요가 있다. 그게 아니더라도 '도대체 왜?'란 생각이 계속된다면 돌아볼 수밖에 없다.

너무 내 안에
빠져있었던 건 아닐까?

관계는 상호적이다. 따라서 내게 전혀 호감을 느끼지 못하는 사람을 사랑하게 되는 일은 드물다. 내게 무관심한 사람에게는 나도 별 관심이 없다는 얘기다.

관계를 맺기 시작한 후에도 우리의 무의식은 균형을 맞추려고 애쓴다. 상대가 나를 좋아한다고 말하면 그만큼 더 좋아지기도 한다. 또 가끔은 밀고 당기며 사랑이 더 굳건해지기도 한다. 그러니 갑작스러운 이별이라면, 즉 상대의 감정을 알아차리지 못한 채 이별에까지 이르렀다면 그건 미리 감지하지 못한 나의 탓도 있다.

윌리엄 트레버의 단편소설 『비 온 뒤』에서 주인공 해리엇은 갑작스러운 이별 통보를 받고 홀로 여행을 떠난다. 책 곳곳에 그녀가 인연을 찾기 어려웠을 배경들이 등장하는데, 결정적인 그녀의 문제가 후반부에 기술된다. '그녀가 사랑에 너무 많은 것을 기대하자, 이미 과거가 되어 버린 상황을 바꾸려고 더 밝은 현재 그리고 무엇보다도 미래의 불변성을 강요하자, 그는 다

른 남자들처럼 물러섰다. 그녀는 그녀 자신의 피해자였다.'

어쩌면 해리엇은 과거의 상처를 현재의 애인에게 떠넘겼는지도 모른다. 이전 관계에서 왜곡된 무언가를 현재 애인에게 바꾸라 강요했다면, 혹은 막연한 두려움에 변하지 말라고 강요한 것이라면 어떨까. 정말 변하지 않을 거냐고 시험에 들게 한다면 상대는 지칠 것이다. 때론 알면서도 실수를 반복한다. 과거의 굴레에서 빠져나오지 못한 해리엇은 결국 현재의 만남을 이어갈 수 없었다.

어떤 이유로건 자기감정에 빠져 있게 되면, 상대의 마음을 알고 배려할 수 없다. 어쩌면 김대리는 자기 안에 빠져 애인이 어떤 위기에 처해 있는지 알아차리지 못했을 수도 있다.

나 자신을 사랑하는 것 또한 연애에서 매우 중요하다. 내 상태가 어떤지를 알고 그것을 잘 표현할 수 있어야 깊이 소통할 수 있다. 무엇이 힘든지 나누고 함께 해결책을 찾아볼 수도 있다.

어쩌면 김대리를 떠난 그 사람은 취준생의 불안마저 안고 갈 만큼 여유가 없었을지도 모른다. 결혼까지 생각한 상대의 속도에 따라갈 수 없어 달아나고 싶었을지도 모를 일이다.

가끔은 거리를 두고
바라볼 필요가 있다

그럼에도 불구하고 김대리는 큰 상처를 받았다. 인연이 아니라며 떠난 그는 비겁했다. 스스로도 미안했을 것이다. 사랑한다고 말해놓고, 혼자 사랑을 하지 않기로 결심했기 때문이다. 잠시 시간을 갖고 거리를 둘 상황에서 그는 떠났다.

속도를 서로 맞춰가는 것도 사랑의 과정인데 그는 그 노력을 하지 않았다. 어쩌면 뒤돌아 후회했을지도 모른다. 그래도 시간은 돌이킬 수 없으니 인연이 아니었던 게 맞다.

한편 김대리는 왜 그토록 빠른 속도로 그에게 빠졌을까? 왜 그에 대해 잘 알기도 전에 마음을 활짝 열어버린 걸까? 외로워서일 수도 있다. 어딘가 몸과 마음을 기대야만 했는지도 모른다. 나의 필요가 커지면 집착하게 되고 동시에 불안해진다. 그리고 불안한 사람은 매력을 잃는다.

그러니까 너무 자주 사랑한다고 말하는 것은, 사랑받지 못할까봐 불안한 심정에서 나오는 것일 수 있다. 잦은 사랑 표현은 상대의 긴장을 누그러뜨리게 되니 결과적으로 내게 독이 되어 돌아온다. 밀고 당기기에 성공하는 사람들은 적당한 긴장감을 유지할 줄 안다.

위기가 감지될 때는 적당히 거리를 두고 바라볼 필요가 있다.

김대리의 전 애인은 그 시간이 필요했던 건지도 모른다. 소설『비온 뒤』의 주인공은 상대에게 '변하면 안 된다'고 하기 이전에, 앞날을 미리 걱정하고 상대가 변할까봐 두려운 스스로의 마음을 바라볼 필요가 있었다.

감정에 휘둘려 상대에게 부담을 던지는 것은 사랑의 실수이다. 돌아서면 후회할, 두 번 다시 해선 안 되지만 또다시 하게 되는 '실수'다. 그리고 그 사소한 실수로 이별에 이르렀다면 그건 인연이 아니다. 사랑에도 인간의 힘으로 통제할 수 없는 영역이 있다.

신의 영역을
받아들여라

삶이 내 맘 같지 않다는 걸 알면서도 그것에 직면하게 되는 순간, 우리는 좌절을 피할 수가 없다. 그게 인간이다. 슬프고 화가 나며 어쩔 줄 몰라 이 사람 저 사람에게 도움을 청한다. 떠난 사람을 욕하기도 하고, 펑펑 울기도 한다. 그것마저 못 하게 막는다면 너무 가혹하다. 그렇게 나를 지키고 난 뒤에야 우리는 결론에 도달한다. 누구에게도 피해가 되지 않을, 나를 보호하는 만큼 너도 보호하는 말, "인연이 아니었다"라고.

그리고 비로소 평온해진다. 내가 사랑한 사람은 한때 내 일부이기도 했으니까. 그를 미워하는 건 나의 일부를 미워하는 것이 된다. 신은 우리를 갈라놓았다. 더 이상 사랑하지 말라고. 상처를 안고 치유하는 과정에서 좀더 성숙해야 한다고.

시간이 걸릴 것이다. 혹은 충분히 받아들이고 떠나보냈다고 생각한 이후에도 어느 날 불청객처럼 불쑥 찾아들지 모른다. 그때 다시 반복하면 된다. "우리는 무척 사랑했지만, 끝까지 함께할 인연은 아니었다. 나도, 당신도 각자의 삶에서 행복하자"라고 말이다.

언니의 솔루션

1. 짧은 만남 후 연락이 끊겼다면 나와 맞지 않는 사람인 것이지 내 탓은 아니다.

2. 위기가 감지될 땐 거리를 두고 바라보며 묻자. 그는 지금 어떤 상황인가?

3. 관계는 때로 노력만으론 유지될 수 없다는 것을 인정하자.

내 마음이
변하면 어쩌지?

누군가는 먼저 손을 내밀어야 한다.
완벽하게 불안하지 않은 관계란 없고,
만나는 동안 상처를 주고받지 않을 수 없다.

크리스마스다. 올해는 눈까지 예쁘게 내리는데 애인이 없다. 멀리 출장 가버린 그가 야속한 날. 처량하게 창밖을 바라보던 수현씨는 딸기 쿠키 생각이 간절해졌다. 작년 이맘때 친구가 사 들고 온 하얀 봉투에 든 동그란 딸기쨈 쿠키. 산타의 선물이라 며 그녀를 웃게 했던 그 친구는 지금쯤 무얼 하고 있을까. 커피 를 내리고 어제 남긴 치즈 케이크를 꺼냈다. 아, 역시 확실하게 행복감을 주는 건 먹는 것뿐인가.

CCTV라도 있는 것처럼 그 순간 전화벨이 울렸다. 프랑스에 있는 애인이었다. 크리스마스에 함께 있지 못해서 미안하다는

데, 그 말을 들으니 더 서글퍼지고 말았다. "뭐하고 있었어?"라고 묻는데 "니 생각"이라고 대답하려다 말았다. 오늘 같은 날은 애교 섞인 농담을 하기엔 무리다. 울적한 마음은 어디서부터 비롯된 것일까? 생각에 잠긴 수현씨는 안 되겠다 싶어 벌떡 일어났다. 청소라도 해야 마음도 맑아질 것 같았다.

수현씨는 뭐든 잘 버리지 못하는 성격이다. 시간을 정해 놓고 마음을 굳게 먹어야 그나마 가능했다. 일단 옷장을 열었다. 겨울이 시작되면서 올해는 꼭 정리하자 했던 목도리, 장갑, 모자 들을 모두 꺼냈다. 늘 들었다 놨다 하는 것들인데 버릴 수 없는 이유가 있다. 다 늘어난 털모자는 친구랑 커플로 맞춘 거라서, 무지갯빛 목도리는 기분 전환이 되니까 넣어두고. 아 그리고… 얌전한 체크무늬로 유행이 한참 지난 이 목도리는 오래전에 만난 그가 선물한 것이다. 아버지한테 물려받은 것이라며 "소중하게 간직해줘"라고 말했었다. 그래서 버리지 못.했.다.

그는 수현씨보다 나이가 여덟 살이나 많았다. 수현씨는 이제막 새내기 신분을 벗어났을 뿐이었고, 그는 이미 졸업해 취직한 사회인이었다. 사진 동아리 선배가 입사 턱을 낸다기에 생각 없이 따라나선 수현씨는 그를 보는 내내 가슴이 두근거렸다. 8살의 나이 차는 서로 적당한 거리를 유지한 채 지속적으로 만날 수 있도록 도왔다. 결국 그건 행운이자 불행이기도 했다.

회사 앞에 오면 밥을 사주겠다는 말에 못 이기는 척 찾아간 수현씨를 선배는 근사한 식당으로 안내했다. 태국 음식점이라는데 대기자들로 바글바글했다. 직장인들은 점심에도 이런 음식을 먹는구나 싶어 잠깐 괴리감을 느끼는 찰나, "수현아!"라고 부르며 이리 오라고 손짓하는 선배와 눈이 마주쳤다. 아, 이 모든 것이 너무 비현실적이었다. 그녀는 그때 이미 알았다. 이토록 아름다운 미소는 두 번 다시 볼 수 없을 거라는 사실을 말이다.

둘은 주로 미술관에서 시간을 보냈다. 각자의 속도로 작품을 둘러보다 자연스럽게 만나 밥을 먹거나 술을 마시며 감상을 나누고 헤어지는 것이 꽤 오랫동안 지속되었다. 때론 애인인 것처럼, 때론 남매인 것처럼. 그 모든 만남과 헤어짐의 순간이 물 흐르듯 순조로웠다.

그럼에도 불구하고 수현씨는 늘 혼란스러웠다. 행복한 순간에도 내 것이 아니라는 생각 때문에 어색했다. 이 기분이 언젠가는 끝날 것이라는 확신으로 행복한 만큼 불안감도 컸다. 어딘가 모르게 낯설지 않은 그는, 그녀가 초등학생이 되던 해에 집을 떠난 아버지와 닮아 있었다. 그림처럼 웃다가도 어느새 혼자만의 세계로 멀리 가버리는 그의 시선을 수현씨가 놓칠 리 없었다.

그렇게 거리를 두고 만나던 두 사람은 어느 날 멀어졌다. 둘 중 어느 누구도 용감하게 거리를 좁힐 수가 없었다. 수현씨는 잠시 붕 떠올랐다가 제자리를 찾아 돌아가는 스노우볼 같았노라고 그 시절을 떠올렸다. 그러고보면 누군가를 만나기 시작할 때 늘 망설여지는 건 과거의 상처들 때문인 것 같다.

지금의 남자친구를 만나면서도 이렇게 혼자 있게 되는 날이면 스멀스멀 불쾌한 감정들이 올라오곤 했다. 얇고 고운 피부를 날카로운 바늘이 주기적으로 콕콕 찌르는 느낌. 결국 그 자극은 우울이나 불안으로 바뀌었다.

'언젠가 이 사람이 날 버리고 떠날지도 몰라'란 생각이 시작되면 자석이 철가루를 빨아들이듯 그 생각을 뒷받침할 수많은 근거들이 수집되곤 했다. 때론 너무 잘해주는 것마저 떠날 준비로 해석되었다. 그런 마음들로 늘 복잡하다보니 지치고 무기력해졌다. 때론 그 반대의 상황이 될 수도 있었다. 예상치 못한 상대의 성격에 실망하거나 질려버릴 수도 있으니 마음을 놓을 수 없었다.

'아, 모든 게 귀찮아, 혼자가 편하지'란 생각이 엄청난 무게로 수현씨를 내리 눌렀다. 결국 우울감에 빠져 아무것도 할 수 없었다. 사랑받고 사랑하는 것이 익숙지 않아서일까? 기대만 하면 실망하게 되더라는 흑역사 때문인지도 모르겠다. 이처럼 행복을 눈앞에 두고 변덕스러워지는 마음을 어떻게 붙잡을 수 있을까?

다가갈까 그만둘까
망설여질 때

'썸 탄다'라는 말이 너무 흔해졌다. 그만큼 거리를 두고 만나 더 이상 좁혀지지 않고 끝나버리는 관계가 많아졌다는 뜻이겠다. 세상이 복잡해지고 사람들은 좀더 이기적이 되어간다. 그렇지 않으면 금세 낙오되거나 상처받기 쉬우니까.

그래서 사랑이라는 주제에서도 더 간을 보고, 더 몸을 사리게 되는지도 모른다. 그럼에도 불구하고 나를 보호하려는 이러한 행동은 결코 내게 도움이 되지 않는다. 결과적으로 나도 관계를 맺고 그 안에서 행복감을 느끼는 것이 중요한데 마음을 열지 못한다면 나는 스스로를 소외시키게 되기 때문이다.

그렇다면 그냥 "이기적이라 간을 보는 거지"라고 말하기 어렵다. 이전보다 더 많은 상처들이 우리를 복잡하게 만드는 것은 아닐까? 아니, 사실은 상처가 아물 새 없고 의지할 곳 없는 우리가 독립의 기회 없이 약한 채로 내던져졌기 때문에? 반대로 너무 일찍 독립해야 해서 홀로 서긴 했지만, 의존할 만한 든든한 기반이 없어 결국 쓰러질까봐? 그래서 거리를 두는지 모른다. 무모하게 다가가 한방에 쓰러지느니 조심스럽게 살피다가 상처 없이 쓸쓸한 게 낫다며.

어떤 관계에서건 누군가는 먼저 손을 내밀어야 한다. 동시에 손을 잡을 수 있으면 좋겠지만 그것도 약간의 시간차가 있을 수밖에 없다. 어떤 상황도 100퍼센트 만족할 순 없다. 완벽하게 불안하지 않은 관계란 없고, 만나는 동안 상처를 주고받지 않을 수 없다.

그럼에도 불구하고 우리는 그 작은 상처들이 두렵다. 자존심 때문이라고 말할 수도 있겠다. 달리 말하면 자존감이 흔들리는 걸 견딜 수 없기 때문이다. 그러나 상대가 거절한다고 해서 지금의 내가 형편없다는 것이 아니다. 그저 나의 마음을 받아줄 수가 없다는 것일 뿐이다.

아쉽지만 어쩌겠나. 세상 사람 모두가 나를 좋아할 순 없는 것을. 다가가고 싶은데 상처가 두려워 머뭇거리고 있다면 용기를 내볼 일이다.

귀찮은데
혼자 있을까

'상처가 두렵다'는 생각까지 미치지 못한 채 그냥 혼자인 게 편하다고 말할 수도 있겠다. 언젠가는 혼자 남겨질 건데 살피고 애태우는 수고를 굳이 해야만 하는가. 안 그래도 먹고 살기 힘든데 최대한 나의 노력을 절약하고 싶다고 생각할 수도 있다. 그런데 문제는 인간의 중요한 많은 욕구들이 관계를 통해서 충족된다는 것이다. 잠시 스쳐 지나가는 인연일지라도, 결과적으로 내게 큰 아픔을 줄지라도, 죽을 때까지 결핍으로 남아 있는 것보다는 낫다.

다와다 요코는 그녀의 소설 『용의자의 야간열차』에서 극적인 갈등도 사랑도 없는 야간열차 안의 풍경을 '당신'이라는 2인칭의 시선으로 묘사하고 있다. 그 어떤 목적지보다 여정 자체가 중요한 기차 여행에서 서로가 서로를 의심하고 용의자가 되지만 예기치 못한 친절과 따뜻함도 느끼게 된다. 마지막 장면의 싸움에서 누군가가 이렇게 말한다.

"우리는 애당초 같은 공간에 있지 않아요. (중략) 한 사람 한 사람 다 달라요, 발밑에서 땅을 빼앗기는 속도가. (중략) 모두 여기 있으면서 여기 없는 채로 각자 뿔뿔이 흩어져 달려가는 거예요."

우리는 모두 혼자이다. 또 우리는 각각 다른 삶의 속도로 살아간다. 사랑에서도 마찬가지다. 그래서 불안하다. 모든 관계는 불안할 수밖에 없다. 미래를 보장하지 않기 때문이다.

과거의 경험과 상처를 나눈다 하더라도 내가 겪은 모든 아픔을 그가 완전히 공감할 리 없다. 그래서 완벽할 수 없고, 그런 채로 함께하는 것이다. 때론 둘 중 하나가 선로를 이탈해 아주 멀리 가버리기도 하지만 어느 순간 같은 지점에서 만나 하나가 되기도 한다. 굳이 '나는 혼자가 될 거야!'라고 선언하며 영원한 일탈의 길로 애써 벗어나지 않아도, 우리는 언젠가 혼자가 된다. 아니, 이미 혼자인 채로 살아가고 있다.

낯설게 또 느리게 경험하며,

지금 이 순간 행복할 것

그저 잠시 만날 뿐이라는 것을 수용하고, 그 순간에 최선을 다해보면 어떨까? 내 마음이 언제 요동칠지 몰라 또 그것을 견디는 것이 너무 힘들어서 시작조차 주저하지 말자. 지금 만나는 이 사람이 과거의 그와 같지 않다는 것을 자각하며 현재를 사는 것이다. 객관적으로도 과거의 그 사람-아버지, 어머니, 옛 애인 등 누구든 나에게 상처를 주고 떠났던-과 다르다. 냉정하게 말하자면, 과거와 동일한 패턴이 되고 안 되고는 내 몫이다. 바뀌지 않은 사람은 바로 나이기 때문이다.

이처럼 내 마음이 문제가 된다면 그것을 다독이는 일부터 시작해보자. '마음챙김'이라 불리는 명상을 소개한다. 간단히 말해 의도적으로 지금 이 순간에 주의를 기울여 생기는 자각에 집중하는 것이다. 강한 자극에 자동적으로 이끌리는 우리 마음을 현재에 머무르게 해, 과거나 미래에 대한 생각에서 기인한 부정적인 감정을 떨칠 수 있게 도와준다.

변화시킬 수 있는 것은 오직 현재 뿐이다. 아무리 과거를 돌아본다 한들 다시 돌아갈 수 없고, 미래에 대해 걱정한다고 해도 완벽히 통제할 수 없다. 그러니 현재를 잘 경험하는 것만큼 내게 중요한 것은 없다.

'마음챙김'은 지금 현재 관찰되는 나의 감각에 주의를 기울이는 자각훈련으로, 이를 통해 잡념이 사라지며 선물처럼 이완의 상태에 도달하게 된다. 나아가 편안해진 마음으로 이전보다 현명한 선택을 할 수 있게 된다. 느리게, 낯설게 그리고 새롭게 나와 세상을 온전히 경험하게 한다.

이처럼 '마음챙김' 수련 과정에서는 처음과 같은 마음으로 매순간을 낯설게 바라보는 자세가 기본이다. 지금 이 순간의 호흡이 1분 전과는 다르다는 것을 아는 것. 매순간 변화하는 감각에 그저 마음을 열고 새롭게 다가가는 것이다. 생각이 떠오르면 '생각이 떠오르는구나'라고 알아차리고 다시 호흡으로 내 몸에 주의를 돌린다.

반복적인 자각훈련을 통해 우리는 집착하고 불안해하는 생각들에서 한발 물러설 수 있다. 부정적인 생각이 만들어냈던 우울, 불안 등의 감정에서 벗어나 마음이 편안해지고 소중한 것에 집중할 수 있게 되는 것이다. 나아가 즐거운 기분에 오래 머물러 행복을 누릴 수 있게 된다면 얼마나 좋겠는가.

그를 만난 건
그 자체로 기적

멈추어 바라보자. 그를 만난 건 그 자체로 기적이다. 지금 이 순간 우리가 사랑할 수 있다는 건 결코 사소한 일이 아니다. 언제나 마음먹으면 찾아오는 기회가 아닌 거다. 그만큼 소중한 인연을 과거의 기억 때문에 놓아버린다면, 미래에 대한 막연한 불안 때문에 지레 겁먹고 떨쳐버린다면 너무 아깝지 않은가.

수현씨의 불안은 현재의 남자친구 혹은 썸 타는 그 때문만이 아니다. 과거에 그녀를 떠난 아버지에 대한 감정이 일부라도 포함되어 있을 것이다. 따라서 불안을 떨치려 한다면 과거의 상처를 다루어야 한다. 어린 나이에 부모에게서 버림받은 기억은 너무 아파 처리하기 힘든 감정일 수 있다. 그래서 우리는 보통 그냥 묻어두려 하지만, 사라지지 않는다. 현재 경험하는 불안도 아프지만 덮어둔 인생의 숙제를 꺼내서 정리해야 한다. 이제 과거를 이야기할 때가 된 것이다.

헤어지기로 마음먹은 것이 아니라면 멀어지는 그 순간에 좀 더 솔직한 마음을 표현해보자. "당신에게 끌리지만, 왠지 모를 두려움 때문에 더 다가갈 수가 없다"고. 수현씨의 경우, 어쩌면 아빠를 닮은 그 사람이 과거의 상처를 가장 잘 치유해줄 수 있는 상대일 수도 있다. '떠났다'에 초점을 맞추면 더 없이 미운 사람이지만, '사랑했던 사람'에 초점을 맞춘다면 돌이켜 사랑을 완성하고 싶은 그리운 사람이기 때문이다. 현재의 그와 결국 헤어진다 하더라도, 아니 정식으로 사귀는 사이로 발전하지 않는다 하더라도 깊은 이야기를 꺼내놓을 좋은 기회가 될 수도 있다. 그렇게 서로 잠시나마 깊이 만나 의지하고 위로가 될 수 있다면 그것만으로 충분하다.

그렇게 과거를 떠나보내는 과정과 동시에 지금 이 사람을 새롭게 만나면 된다. 마치 오늘 처음 만난 사람처럼, 낯설게 그리고 천천히. 아버지를 떠올리게 하는 그 말고, 나이 차이로 망설이며 거리 두는 신중한 그를 경험하는 것이다.

내 마음은 언제든지 변한다. 너의 마음도 그럴 것이다. 분명한 건, 지금 이 순간 멀어지는 그가 많이 아쉽다는 것일 뿐이다. 온전한 그와 만나 충분히 사랑했더라면 어땠을까?

언니의 솔루션

1. 불안해서 더 이상 다가갈 수 없다면, 과거의 상처 때문은 아닌지 살펴보자.
2. 과거의 아픔과 현재의 사랑을 분리하자.
3. 지금 우리가 만날 수 있다는 것 지체기 기적이디. 망설이지 말고 시작하자.

좋은 이별이
가능할 것 같은 사람

아빠는 엄마에게 그런 존재였다.
한 줄기 빛 같은 사람.
그러나 문제는 빛을 손에 쥘 수 없다는 것이다.

수현씨는 고등학교를 졸업하자마자 독립했다. 어려서부터
"성인이 되면 독립하는 거야"란 말을 하도 들어서, 그냥 당연
한 순서려니 생각했다. 엄마와 함께 학교 근처 원룸을 알아보고
그간 모아둔 돈으로 보증금을 만들었다. 다달이 나가는 월세는
취직 전까지 엄마가 내주는 조건으로. 월세도 빚지는데 학비까
지 의지할 순 없다는 생각에 장학금을 주는 학교로 갔다.

막상 취업을 하자 학벌이 생각보다 중요해 엄마를 원망하기
도 했지만 그런 마음은 오래가지 않았다. 엄마 혼자 얼마나 힘
들게 자신을 키웠는지 알기 때문이다.

수현씨의 아빠는 갑자기 떠났다. 불행인지 다행인지 그녀의 기억 속 아빠는 언제나 다정했다. 그녀 앞에서 한 번도 크게 화를 낸 적이 없고, 목소리도 워낙 낮고 부드러웠다. 어릴 적 기억을 떠올리면 아빠의 손을 꼭 잡고 동네를 걷던 그때가 제일 먼저 떠올랐다. 어딜 갔었는지 무얼 했는지는 중요하지 않았다. 그 손길, 그 목소리가 무척 따뜻했고 긴 여운으로 남았다.

엄마와의 관계에서도 겉보기엔 꽤 괜찮았던 걸로 기억한다. 이혼하기 전, 큰 소리로 울부짖는 엄마 앞에서 무서운 표정을 지었던 걸 제외하고는 부부싸움도 그다지 없었다. 아빠가 떠난 이후 한동안 엄마는 우울했다. 이모들이 차례로 수현씨를 돌봐주는 기간도 있었다. 그러나 곧 일어섰고 아무 일도 없었다는 듯 회사를 다니고 공부를 하고 사람들을 만났다. 그리고 어디를 가든 수현씨와 함께했다. 마치 한 몸인 것처럼. 그 덕에 어린 수현씨는 빨리 어른이 되었다.

대학 진학을 앞두고 엄마와 크게 다툰 어느 날 밤, 엄마는 밥상에 와인 잔을 두 개 올렸다. 아빠 이야기를 꺼낸 건 처음이었다. "네 아빠는 정말 멋있는 사람이었어"라고 말하는 엄마의 눈가에 눈물이 고였다. 또르르 와인 속에 빠질 것 같은 눈물을 알아챘는지, 엄마는 급히 잔을 들었고 수현씨도 한 모금 마셔보았다. 너무 쓰고 텁텁한 맛에 인상이 찌푸려졌다. 그런데 이상하게 막혔던 숨통은 조금 트이는 것 같았다. 따뜻해진 혈액이 몸 속을 돌기 시작하면서 묘한 힘이 생겼다. 이래서 와인을 마시는 구나 싶었다. 엄마와 대화할 준비가 되었다.

엄마는 오랜 연애 끝에 이별하고 방황하다가 이러면 안 되겠다 싶어서 과감한 결정들을 해치웠다. 맘에 안 들던 회사를 그만 두고 대학원 진학을 목표로 공부하면서 낮에는 종일 작은 카페에서 아르바이트를 했다. 미루던 운전면허 시험도 보고 운동도 하며 시간을 알뜰히 쪼개 썼다. 사람들을 최대한 적게 만나고 정말 친한 친구에게만 연락했다. 오직 그녀만을 위해 몰입하니 하나 둘씩 성과가 보였다. 면허도 따고 살도 빠졌다.

드디어 대학원 합격 통보를 받은 그 날, 기쁨을 나누고 싶어 얼마나 안달이 났던지 커피를 만들면서도 손이 떨렸다. 엉터리로 카푸치노를 만들어 내려는데 커피를 주문한 남자의 표정에 정신이 번쩍 들었다. 남자는 그녀의 마음을 꿰뚫고 있는 것 같았다. 동시에 엉망이 된 자신의 커피를 마셔야 하나 말아야 하나, 웃어야 하나 울어야 하나 내적갈등을 하는 그 1초의 순간에 수현씨의 엄마는 그만 그에게 반해버렸다. 둘은 마주보며 웃음을 터뜨렸고 그렇게 인연이 시작되었다.

아빠는 좀처럼 속을 드러내지 않는 사람이었다. 밝고 명랑하지만 불안도 높았던 수현씨의 엄마를 늘 한 발짝 물러서서 바라보았다. 힘들 때도 혼자 견디고 애정 표현도 별로 없는 것이 불만이었지만, 엄마는 아빠의 따뜻한 시선이 느껴지는 순간이 얼마나 평온하고 행복했는지 모른다고 말했다. 아빠를 만난 이후로는 '죽고 싶다'는 생각도 사라졌다고 했다. 아빠는 엄마에게 그런 존재였다. 한 줄기 빛 같은 사람. 그러나 문제는 빛을 손에 쥘 수 없다는 것이다.

그렇게 아빠가 떠났고 엄마는 붙잡을 수 없는 그에게 벌을 주었다. 수현씨와 만날 수 없다는 것. 아빠는 딸을 많이 사랑했지만 동시에 엄마에게 너무 미안했다. 고통스럽지만 그 말을 따를 수밖에 없었고 결과적으로 수현씨는 아빠를 잃었다. "수현아, 미안해. 이제 네가 원할 때 언제든 아빠랑 만나도 괜찮아." 엄마는 아빠의 연락처를 꺼내줬다. 수현씨의 손을 꼭 잡고는 쑥스러웠던지 일어나 음악을 틀었다.

오랜만에 듣는 보사노바 음반이다. 'CASA'란 제목의 앨범이었다. 세 명의 음악가가 작은 방에 모여 떠난 거장을 추모하며 만든 곡들이라고 한다. 음악 이야기를 하던 엄마는 갑자기 어떤 생각이 떠오른 것처럼 말했다. 아빠와 만난 걸 후회하지 않는다고. 비밀이지만 아직도 조금은 사랑한다고. 그렇게 둘은 꼭 안고 울면서 남은 와인을 마셨다. 아빠는 보사노바를, 조빔의 노래를 사랑하는 사람이었다.

아픔만큼
성숙한다는 말

아프면 성숙하고 아파야 청춘이라지만 아프고 싶지 않다. 그게 인간의 본능이다. 그래서 이제는 거리를 두라고 충고한다. 한발 물러나면 별 거 아니라고. 모든 걸 그렇게 열심히 할 필요 없고, 적당히 하면 된다고. 어쩌면 사랑에서도 적용되는 최신 트렌드는 '거리를 둔다'인 것 같다. 적당한 거리를 유지하는 것은 현명한 삶의 태도이다. 매사에 적극적으로 뛰어들며 '하면 된다'고 밀어붙이는 것만큼 미련한 것이 없다. 무모한 '열심'은 '무력감'으로 향하기 쉽다.

그럼에도 불구하고 사랑에서만큼은 아프라고 말하고 싶다. 단, 조건이 있다. 헤어질 때 아픈 것에만 해당된다. 만나면서 나를 너무 아프게 하는 사람은 헤어지는 게 답이다. 기분 좋을 땐 친절하지만 기분 나쁠 땐 폭력적으로 변하는 사람은 나를 아프게 하고, 그래서 만나면 안 된다. 그러나 헤어질 때 아플까봐 시작조차 못하는 것은 너무 아쉽다. 내 맘대로 안 되는 상황에 아프기도 하겠지만, 그만큼 성숙하게 된다.

사랑하는 그와의 시간을 돌아볼 때 행복이라 부를 수 있고, 그런 시간이 내 삶에 존재한다는 것만으로 힘이 될 수 있다. 세상이 내 맘대로 돌아가는 것은 아니라는 걸 깨닫고 겸손해질 수도 있다. 모든 관계는 언젠가 끝나는 것이니 지금 이 순간에 최선을 다하게 될런지도 모른다. 그 모든 것이 내 삶을 더 풍요롭게 할 수 있다면, 아픈 것쯤은 견뎌볼 만한 것이 된다.

서로를
해치지 않는 관계

이별과 상실의 주제는 상담에서 주요한 이슈다. 만날 때 아프면 독이 되는 관계라 말했지만, 어쨌거나 모든 만남과 이별이 각자의 삶에 주는 교훈이 있다. 또 어떤 사람이건 내가 선택한 만남에 대해서 책임져야 한다. 부정하고 남 탓으로 돌린다면 성숙이 아니라 미성숙을 인정하는 것일 뿐이다. 그만큼 누군가를 만나고 사랑한다는 건 결코 가볍지 않다. 어쩌면 각자의 삶의 무게는 사랑의 무게인지도 모르겠다.

수현씨의 엄마는 아빠를 만난 걸 후회하지 않았다. 그만큼 그 관계에 쏟아부은 시간과 노력이 아깝지 않다는 것이다. 더불어 사랑하는 딸을 얻는 행운이 있었으니 손실과 이득을 저울로 쟀다면 이득이 더 큰 게 아니었을까. 그럼에도 불구하고 의문이 든다. 아무리 과거에 나를 사랑하고 내게 정성을 쏟았던 사람이라 해도, 지금 현재 내게 없고 나를 배신한 사람인데 어떻게 좋은 마음이 들 수 있을까? 괜찮은 척, 쿨한 척하는 것은 아닐까?

아마도 수현씨의 엄마는 그녀의 아빠를 만나 사랑하면서 더 넓은 세상을 만나게 되었을 것이다. 그가 속한 세상이 멋지게 보이고 동의가 될 때, 망설임 없이 한 발짝 더 나가보게 된다. 혼자일 땐 용기를 내보지 못할 일이다. 전혀 알 수 없는 어떤 세계를 누군가에 의지해 함께 경험해본다는 것은 얼마나 흥분되는 일인가. 그 순간뿐만 아니라 앞으로 살아가는 내내 그녀에게 힘이 될 무기가 하나 더 생긴 건데, 어찌 고마워하지 않을 수가 있겠는가.

사랑하는 사람이 좋아하는 것들을 함께 즐기면서 내 나름의 취향을 발견하는 일은 삶을 더 즐겁게 한다. 예전에는 프랑스 하면 에펠탑과 '늙지 않는 여성'이라는 이미지만이 떠올랐다면 이제는 지적이고 유쾌한 영화에 열광하게 된 것처럼. 엔초비는 고양이밥인줄만 알았는데 피자로 먹으면 인간도 좋아할 수 있다는 걸 알게 되는 것처럼. 라틴음악은 요란한 춤곡인 줄 알았는데 잔잔한 시와도 같다는 걸 깨닫게 되는 일처럼 말이다.

나를 해치지 않는 관계라면 내 삶을 풍요롭게 한다. 정도의 차이는 있겠지만, 마음을 열고 수용하면 그 가치를 발견하게 되는 것이 바로 인간관계이다. 그리고 사랑했다면 잘 보내주는 것도 중요하다. 좋은 이별은 내 몸에도, 내 마음에도 좋다. 이별한다 해도 언젠가 나를 배신해 돌아선다고 해도, 사랑하는 동안 내게 충실한 사람이라면 괜찮다. 그 순간만큼은 진심으로 서로의 삶을 나눴다면 그것으로 충분하다. 사랑은 변할 수 있다. 사랑은 고정된 것이 아니고 노력해야 유지할 수 있는 것이다. 노력하기를 멈췄다고 해서 사랑하지 않았던 것은 아니다.

유독 그리움으로
남는 사람이 있다

좋아했지만 깨끗이 잊히는 사람이 있는가 하면 유독 그리움으로 남는 사람이 있다. 아마 그만큼 내 삶에 영향을 끼친 사람일 거다. 게다가 좋은 영향이라면 얼마나 감사한 일인가. 때론 내 마음을 복잡하게 만들지만 행복이란 단어를 떠올리게 만드는 사람이라면, 마음으로 고맙다고 말해보자. 표현하는 만큼 그 마음이 더 커져서 내 삶에 더 좋은 영향을 끼치게 될지도 모르니까. 그만큼 지금의 나도 더 행복해질 수도 있으니 말이다.

문학평론가 신형철씨는 '행복은 그저 불행하지 않은 것'이라고 한다. 그의 책 『슬픔을 공부하는 슬픔』에서 여기에 대해 더 자세한 설명을 붙였다. 행복은 우리가 불행하다는 사실을 잊고 있는 그 모든 시간의 이름이거나, 혹은 내가 불행해진 뒤에 불행하지 않았던 시간들이 뒤늦게 얻는 이름이라고.

그렇다면 행복은 뒤늦게 깨닫는 '좋은 기억'이라고 할 수 있을까? 불행할 때 떠올리고 그 순간 내가 조금 나아질 수 있다면 귀한 추억이 될 것이다. 외롭고 쓸쓸한 삶의 가장자리에서 문득 그를 떠올리며 그리울 수 있다면. 우리는 다시 행복할 수 있을까?

그럼에도 불구하고 그리움은 쉽지 않다. 혼자라 외로운 건 누군가에게 털어놓고 위로받으면 되는데, 특정한 누군가를 향한 그리움은 혼자 간직해야 하는 것이라 힘겹다. 그래서 사랑은 쉽지 않다. 그리움이 주는 행복감이 나를 성장시키고 나를 살게 하지만, 그만큼 내게 아픔을 주기 때문이다.

문득 인간이란 존재가 위대해 보인다. 사랑의 무게로 한 평생을 살아간다는 것이 말이다. 아프지만 행복하고 그 힘으로 또 하루를 살아가는 우리가 참 대견하다.

언니의 솔루션

1. 이별이 두려워 시작조차 못한다면 그만큼 성장의 기회를 놓치는 것이다.
2. 그리운 사람이 내게 남긴 좋은 것들에 감사하는 마음을 가져보자.
3. 헤어져도 서로를 진심으로 위할 수 있다면 그게 바로 사랑이다.

좋아하는 마음은
언제 드는 걸까?

사랑은 합리적인 의사결정이 불가능한 모험이다.
안전에 대한 강박으로, 실패하지 않기 위해 조건을 늘려가며
좋은 기회들을 놓치고 있지는 않은가.

수능 시험을 이틀 앞둔 그 날, 수현씨는 무언가에 이끌리듯 성당으로 향했다. 토요일 저녁에도 미사가 있다고 했는데 그마저도 다 끝난 시각이었다. 행사가 있었던 건지 아니면 수현씨처럼 시험을 앞둔 가족들이 찾아왔던 건지 썰물이 지나간 자리처럼 쓸쓸했다.

왠지 눈물이 날 것만 같을 때 한 여자가 수현씨 앞에 나타났다. 성당에 처음 온 거냐며, 성모상 옆에 있는 초를 가리켜 불을 붙여보겠냐고 했다. 그녀의 이름은 이정이. 바로 읽어도, 거꾸로 읽어도 같은 이름이라는 게 뭔가 신비롭게 느껴졌다. 이정이

라는 천사가 내게 힘을 주었으면. 수현씨도 그렇게 간절하게 수험생 시절을 보냈다.

제일 원하던 학교에 원하던 학과는 아니었지만 수현씨는 대학 진학에 성공했다. 학교에 성당이 있다는 것도 맘에 들었다. 성당 마당에서 만났던 정이언니는 수현씨의 합격을 누구보다 축하해주었고, 주말마다 만나 함께 미사를 드렸다. 수현씨가 세례를 받을 땐 당연히 정이언니가 대모를 섰다. 이제 엄마가 두 명이 된 것이다.

수현씨보다 11살 많은 정이언니는 디자인을 전공했고, 잘 다니던 회사를 그만두고 옷가게를 차렸다. 가게가 수현씨 학교 근처라 자주 들르게 된 것도 친자매처럼 가까워진 이유가 되었다.

남자친구랑 다툰 후 연락이 안 되어 속이 터질 것 같았던 날, 수현씨는 정이언니네 가게에 주저앉았다. 이런저런 남친 뒷담화를 쏟아내다가 문득 궁금해졌다. 예쁘고 능력 있는 정이언니는 왜 서른이 넘도록 혼자인 거지? 이전엔 그저 연애할 시간이 없고 일에 대한 열정이 커서인가 했다. 그래도 가끔은 외로울텐데, 아니 주변에서 그냥 놔두진 않을 것 같은데…. 왜 연애를 하지 않냐는 갑작스런 질문을 받은 언니가 천천히 입을 열었다.

20대 때 딱 한 번, 좀 길게 연애를 한 이후로는 누구를 만나도 마음이 잘 움직여지지 않는다고 했다. 한창 일을 배우고 새로운 일에 도전하는 시기에는 '연애 따위 안 하면 어때!'라며 자신감에 차 있었는데 요새는 사실 좀 불안해진다고 했다. 결혼하는 친구들이 늘어나고 단짝 친구는 아이도 낳고 돌잔치도 한다는데 왠지 쓸모없는 인간이 된 것 같아 조급해진다고도 했다. 독립해서 가게를 차린 후엔 누구도 내 연애에 간섭하지 않는데도 오히려 자주 불안해지는 것 같다고도 했다. 그러다 대뜸 다람쥐통이나 팽이그네를 아느냐고 물었다.

어렸을 적 친구들을 따라 간 놀이공원에서 겁 많은 정이언니는 주로 구경만 했단다. 보다 못한 친구가 딱 하나만 타보라고 권했고, 그녀는 직관적으로 하나를 골랐다. 그게 바로 다람쥐통이었다. 다람쥐처럼 작은 통 속에 들어가서 몸을 고정하고 있으면 바닥에 붙어 있는 기구들이 하나씩 따로 돌아가거나 전체가 원을 그리며 도는 것. 어지러울 것 같긴 했지만 공중에 떠있는 기구에 비하면 안전할 것 같았다.

무엇보다 안전이 최우선인 그녀는 친구와 손을 잡고 다람쥐통에 들어갔고 얼굴이 퍼렇게 돼서 나왔다. 너무 어지럽고 답답했다. 그런 채로 시간이 다 될 때까지 기다리는 건 무척 끔찍한 일이었다.

실은 그녀도 팽이그네 같은 걸 타보고 싶었다. 팽이처럼 돌아가지만 하늘로 더 높이 더 멀리 날아오르는 그네 말이다. 하늘을 가로지르며 소리를 지르는 사람들의 표정이 때로 행복해보였다. 둘이 나란히 앉아 무서움을 나누는 그 모습도 부러웠다.

그러나 그걸 타려면 엄청난 용기가 필요했다. 허공으로 떠오르는 그네가 갑자기 고장 나 떨어지기라도 한다면? 오르락내리락 할 때의 그 철렁하는 가슴은 누가 안심시켜줄 것인가? 타는 자리가 오픈 되어 있다는 것도 맘에 걸렸다. 내 본능의 목소리를 저 많은 사람들이 듣고 있다는 게 부끄러워 견딜 수가 없을 것만 같았다. 그래서 그저 바라만 보고 있었다.

뭐든 혼자 잘해내는 언니는 회사를 나와 자영업자가 되는 모험을 했다. 결과적으로는 대단한 결정을 비교적 빠른 시간 안에 질러버린 것이다. 그러나 실은 그 결정을 위해 들인 시간과 열정이 상상 이상이었다. 꼼꼼하게 자료를 모으고 신중하게 고민했다. 언니는 최대한 이성적으로, 합리적인 의사결정을 위해 지금 이것을 해야 하는 이유를 100가지쯤 찾았을 때 행동할 수 있는 사람이었다. 그만큼 스스로를 혹사시키고 밀어붙이기도 잘했다.

그렇게 큰 결정을 내리고 나면 한동안 언니는 시름시름 앓았다. 워낙 몸이 가늘고 약해서 보는 사람들도 아팠다. 그래도 며칠이 지나자 다시 열정의 그녀로 돌아왔다. 일에 관한 한 추진력이 있었고, 그 힘의 배경엔 신뢰가 있었다. 오랜 시간 공들여

찾고 따지고 생각하면 옳은 결정을 할 수 있다는 믿음 말이다. 열심히 하면 결코 배신당하지 않을 거라는 믿음. 뭐든 운이 따라야 성공한다지만 그 운이라는 것도 성실함을 이길 수 없을 거라는 생각이 있었다.

그러나 사람의 문제는 예외였다. 아무리 시간을 들여 정보를 수집한다 해도 그럴 만한 정보도 없을뿐더러 과연 계속 괜찮을 수 있을지 안전을 확인하는 데 한계가 있다. 성실해서 될 문제도 아니고 노력한다고 답이 나오는 것도 아닌 것 같았다.

사랑은 비합리적인 것의 결정판이며 직감을 따를 수밖에 별 도리가 없다. 그러니 무작정 불안을 견뎌야 하는 것이다. 그래서 시작조차 할 수 없는 정이언니는 외로워보였다. 이제 좀 변하고 싶은지도 몰랐다. 수현씨는 언니와 손을 잡고 놀이공원에 가보겠다고 다짐했다.

다람쥐통과
팽이그네의 차이점

누구나 설레는 마음이 잘 드는 것은 아니다. 설렌다고 해서 전부 연애를 시작하게 되는 것도 아니다. 어떤 사람은 놀이공원에서 바이킹을 타면서 가슴이 철렁 내려앉는 경험을 즐기는가 하면, 또 어떤 사람은 그걸 돈 주고 왜 느껴야 하냐며 어이없어

하기도 한다.

타고난 기질과 변화하는 성격을 구분하여 측정하는 TCI^{Tem-perament Character Index}란 심리검사가 있다. 여기서 기질의 차원은 4가지(자극추구, 위험회피, 사회적민감성, 인내심)로 나뉘고, 성인이 되면서 바뀌는 성격의 차원은 3가지(자율성, 연대감, 자기초월)로 측정한다.

기질 차원에서 '자극추구'란, 말 그대로 새로운 자극에 덤벼드는 기질을 말한다. 보상이 주어질 것 같은 상황에서 일단 시작해보는 것이다. 호기심이 많고 자유분방하며 절제하기가 쉽지 않은 사람들은 자극추구 기질이 높게 나온다. 반대로 '위험회피'의 차원은 처벌이 있을 것을 예상하고 안전하고자 하는 본능이다. 위험회피가 높을수록 환경을 살피고 미리 걱정하며 새로운 상황에서의 불안수준도 높다. 그러나 그만큼 안전한 상황을 유지하기 때문에 실수도 적고 타인에게 신뢰감을 주는 사람이다.

다람쥐통을 선택하는 사람은 팽이그네를 선택하는 사람보다 안전에 대한 욕구가 클 수 있다. 일단 바닥에 붙어 있고 외부로의 노출도 적으니 자극을 피하기도 쉽다. 돌아가는 것도 예상할 수 있는 범위라 어지러워도 견디면 그만이다. 끝날 때까지 그저 앉아서 눈을 감고 돌아가면 된다. 반대로 팽이그네로 하늘을 가로지르는 경험에 매료되는 사람들은 자극 추구 기질이 높을 수 있다. 탁 하는 소리부터 외부자극에 노출된 상황 자체를 즐기고자 하는 것이다. 예상치 못하게 공중을 휘젓는 것에서 쾌감을 느끼고 모르는 사람들을 향해 손을 번쩍 들고 허세도 부려본다. 더 과감하게 스릴 넘치는 환경에 몸과 마음을 내어놓을 수 있는 것이다.

좀처럼 마음이
잘 움직여지지 않는다면?

소개팅을 수십 번 해도 연애 한 번 못하는 사람이 있는가 하면 환경이 바뀔 때마다 새로운 연애를 시작하는 사람이 있다. 어느 쪽이 더 좋다고 말할 순 없다. 때로 우리는 신중할 필요가 있기 때문이다.

아무하고나 사랑한다면 아무 음식이나 오직 허기를 채우기 위해 마구 먹어치우는 것처럼 미련한 짓이다. 그러나 좀처럼 마음이 잘 움직여지지 않는다면? 뭔가가 스스로를 막고 있는 건 아닌지 생각해봐야 한다. 막힌 호스를 그대로 두고 산다면 언젠가는 터져버려 물난리가 나고 말 것이다.

안전에 대한 강박 때문에 따지고 살피는 시간이 너무 오래 걸리는 건 아닐까? 설레는 마음이 들어도 그게 무엇인지, 괜찮은

지 아닌지를 머리로 이해하느라 좋은 기회를 놓치고 있는 것은 아닐까? 실패하지 않으려고 하나 둘씩 조건을 늘리고 있다면 만날 수 있는 사람의 폭은 점점 좁아질 수밖에 없다. 그리고는 한탄한다. 왜 남들은 좋은 조건인 사람들을 잘도 만나는데 왜 내게는 기회가 오지 않느냐며.

그러나 좋은 조건의 사람이라고 생각하는 그 커플을 가만히 살펴보면 조건을 잘 따지고 만난 결과는 아니다. 선을 보았거나 중개업체를 통해 맺어진 커플이 아니라면 말이다.

보통의 연애에서 현실적인 조건을 모두 따져보고 만나는 경우는 드물다. 조건을 먼저 따져 그 안에서 누군가를 만나려 한다면 일단 만남의 폭이 좁고 그 안에서 좋은 사람을, 나를 설레게 하는 사람을 찾을 확률은 더욱더 낮아진다. 그러니 조건을 만들고 내게 딱 맞는 사람을 찾겠다고 나서는 것은 어리석은 짓이다.

좋아한다고 먼저 말하면
질 것 같다

좋아하는 마음을 표현하면 지는 것 같다고 말하는 사람이 있다. 그러나 좋아하는 마음이 드는데도 상대방이 먼저 표현해줄 때까지 기다리는 건 공을 그에게 넘기는 행동일 뿐이다. 그러니까 자발적으로 자신의 권한을 포기한 채 상대에게 주도권을 주는 일인 것이다. '당신이 나를 좋아한다면 나도 좋아하겠어요' 라니! 자존심을 지키려고 한 행동이 결국 지극히 수동적인 자세로 연애에 임하는 결과를 낳는다.

좋아하면 지는 게 아니라 그냥 좋은 거다. 내가 좋아하는 사람을 만나기가 얼마나 어려운가. 일단 그런 상대를 만났다는 건 신에게 감사할 일이다. 물론 관계에서 속도를 무시한 채 무대포로 덤빈다면 호감이 있던 사람도 달아날 수 있다. 속도를 조절하고 상대를 살피는 것은 매너의 문제이다. 그 정도만 지키면 된다. 센스 있게 상대의 걸음에 맞춰주는 정도? 단, 너무 목숨을 걸지는 말자. 내가 행운을 찾은 것처럼 상대방도 나란 사람을 만날 수 있어 행운이라고 생각하자.

일에서도 그렇지만 사랑에서도 자신감은 중요하다. 아직 호감이 생길지 말지 모르겠는 그 순간 자신감을 갖고 다가오는 상대와 한껏 위축된 채로 끌려오는 상대, 어느 쪽이 더 매력적으로 느껴지겠는가?

결국 좋아하는 마음은 내 마음이 열릴 때 생긴다. 그런데 내 마음이 상황과 무관하게 꼭꼭 닫혀있다면 일단 그 자물쇠를 풀어둘 필요가 있다. 반대로 그냥 활짝 열린 채 무분별한 만남에 스스로를 방치하고 있다면 신경을 써서 좀 여밀 필요도 있다.

일단 내 마음을, 나의 직관을 믿어보자. 지금 끌리는 그 사람을 그냥 놓친다면 영영 후회하게 될지도 모른다. 아무것도 하지 않고 후회하는 것보다는 뭐라도 해보고 후회하는 것이 낫지 않을까?

벚꽃 날리는 4월이 되면 풋풋한 첫사랑의 영화 〈4월 이야기〉가 떠오른다. 그러고 보니 이와이 슌지 감독은 〈러브레터〉에 이어 조용하게 적극적인 두 여자를, 아니 세 여자를 주인공으로 한 영화를 만들었다. 죽은 남자친구에게 편지를 쓰는 여자, 그 편지를 받아 안고 어린 시절의 추억을 기록하는 또 다른 여자, 그리고 드디어 〈4월 이야기〉에서는 첫사랑을 따라 대학에 입학하는 대범한 소녀를! 용감한 그녀들에게 신은 기적을 선물한다. 우리에게도 그런 기회가 있었고, 또 있을 것이다.

언니의 솔루션

1. 조건에 맞는 사람만 만나겠다면 그만큼 만남의 기회를 포기하는 것이다.
2. 좋아하는 마음이 든다면 먼저 표현하기를 주저하지 말자.
3. 수동적으로 끌려오는 사람보다 적극적으로 다가오는 사람이 더 매력적이다.

이건 아니다 싶은 연애를 계속하고 있는 이유는 뭘까? 어떤 사람은 누가 봐도 나쁜 상대를 만나며 헤어지지 못한다. 이해할 수 없는 상대의 기준에 맞추느라 전전긍긍하는 경우도 있다. 부모님의 뜻에 따라 사랑의 상대를 고른다면? 지긋지긋한 싸움을 반복하는 경우는 어떨까?

3장에서는 자존감을 갉아먹는 사랑에 대해 이야기한다. 우선 나를 사랑하고 나의 의사를 바로 말할 수 있어야 건강한 사랑을 할 수 있다. 또 내가 행복해야 상대도 행복할 수 있다. 두 사람이 사랑 안에 있다면 말이다.

3장

아니다 싶은데
어떻할까?

이별해야 하는 이유

이번에도
또 나쁜 남자

나쁜 남자(여자)에게서 벗어난 후 또 다른 나쁜 남자(여자)와
얽히는 사람은 의존적 성격일 가능성이 크다.
버림받는 것이 두려워 누구라도 내 곁에 있어만 주면 그걸로 만족한다.

수현씨는 취준생 시절에 잠깐 서빙 아르바이트를 했다. 어느
날 집 근처 꼬치구이집에 붙은 '알바 구함'을 보았고, 기분 전환
도 하고 월세도 벌 겸 시작한 일이었다. 바^{bar} 자리가 대부분이
라 보통은 같은 자리에 서서 주문을 받고 음식을 내주었고, 따
라서 손님을 잘 관찰하며 그들이 필요로 하는 것에 즉각 대응하
는 것이 중요했다. 결국 수현씨는 본의 아니게 사람들의 말을
엿듣게 되었고 간접 경험이 쌓여갔다.

어느 밤, 한 여자가 들어와 모둠 꼬치와 병맥주를 시켰다. 곧
일행이 오려나 싶었는데 끝까지 혼자 자리를 지키며 가만히 술

을 마셨다. "혼자 오셨나봐요." 혹시나 말동무가 필요하지 않을까 싶어 묻고는 바로 후회했다. 아무 말 없던 그녀는 일어나 계산을 했다.

절반도 안 먹은 모둠 꼬치를 버리면서 수현씨는 반성했다. 혼자 있고 싶으니까 이런 곳까지 왔을 텐데 눈치 없이 말을 시킨 게 미안했다. '다음에 또 오시면 입 꾹 다물고 편하게 해드릴게요!'라고 다짐하며 남기고 간 맥주를 쭉 들이켰다.

그 후 한 달 만에 그녀는 다시 나타났고 단골손님이 되었다. 이름은 전수정. 나이는 수현씨보다 두 살 많은 대학원생이었다.

수정은 애인이 여행을 가거나 친구를 만나는 날에 꼬치구이집에 와서 혼자 술을 마셨다. 아담한 분위기가 맘에 들었고, 무엇보다 수현씨의 인상이 좋아서 자꾸 온다고 했다. 말이 많지는 않지만 가끔씩 애인에 대한 불만을 말했고 결론은 언제나 "내가 문제지"였다. 그게 마음에 걸렸지만 너무 깊이 물어보면 안 될 것 같아 적당히 거리를 두고 들었다.

어느 날은 수현씨의 일상에 대해 물었다. 마침 누구라도 붙잡고 하소연하고 싶었던 수현씨는 열을 내며 이야기를 시작했다. 집 앞 옷가게 쇼윈도에 진열된 신발을 신어보기만 하자며 들어갔다가 결제를 하고 나온 날이었다. 무난하고 편했지만 생각보다 비싸 망설이고 있는데 사장님과 단둘이 있게 되자 마음이 영

불편해졌고, 곧 수현씨는 신발을 사야만 하는 이유를 몇 가지 만들고 있었다. 쇼핑백을 받아 나오는 그 순간, 이미 예견된 아주 익숙한 후회와 자책이 시작되었다.

수현씨는 종종 맘에 들지 않는 것을 사면서 후회하지 않기 위해 오만가지 생각을 만들어내곤 했다. 그럼에도 불구하고 '사지 않았으면 더 좋았을 텐데'라는 이성적인 생각이 밀려들 때면 이불 킥에 잠 못 이루는 밤이 많다고 털어났다.

이야기를 가만히 듣고 있던 수정의 눈가가 반짝 빛났다. 수정 같은 눈물에 정신이 번쩍 든 수현씨는 조심스럽게 냅킨을 건넸다. 그리고 이야기 들을 준비를 했다. 수정은 수현씨의 신발 이야기가 자신의 연애 이야기 같다고 했다. 뭔지 모를 분위기에 이끌려 상대와 얽히게 되면 빠져나오지 못한 채 그 사람을 사랑해야 하는 이유를 만들며 시간을 보낸다고 했다.

1년 전에 만난 지금의 애인도 비슷했다. 외모 반듯하고 매너 있는 사람이었지만 사귀고 싶었던 건 아니었는데 술에 취해 손을 잡게 되었고, 그 후로 연인이 되었다. 수정을 잘 챙겨주었지만 자기 맘대로 안 되면 화부터 내는 그를 감당하기란 쉽지 않았다.

그렇게 만난 지 6개월쯤 되면서 그를 만나는 시간이 즐겁지 않고, 헤어지면 안도감마저 들어 고민이라고 했다. 처음 이 꼬치구이 집에 들어온 날이 절정이었는데 기묘한 긴장이 풀어지자 갑자기 배가 너무 고파 모둠꼬치를 시켰더란다. 헤어지고 싶지만 그 과정이 너무 힘들 것을 아니까 이러지도 저러지도 못하고 있다면서 여느 때처럼 자책으로 말끝을 흐리며 술을 마셨다.

수현씨는 수정의 애인에 관해 들은 내용을 정리해보았다. 그는 공개적으로는 따뜻하고 매너 있는 사람이지만 단둘이 있으면 돌변했다. 왜 내 친구랑 그렇게 다정하게 이야기를 하느냐부터 시작해 오늘 입은 옷이 왜 그 모양이냐는 인신공격적인 말까지…. 술에 취한 그의 잔소리는 끝날 줄을 몰랐다.

반박하면 더 길어지니 수정은 그냥 듣고 말았다. 본인은 뭐든 명품을 고집하면서 수정의 생일날엔 소박한 귀고리 한 쌍을 선물하며 지구 끝까지 생색을 냈다. 공공장소에서 수정을 무안하게 하는 일은 일상다반사였고, 아쉬울 땐 세상에 둘도 없는 천사라며 그녀를 치켜세웠다. 그는 나쁜 남자다.

"그냥 헤어져요, 얼마든지 더 멋진 사람 만날 수 있을 텐데." 수현씨의 격분하는 말에 수정은 슬며시 웃었다. "그래도 이 전에 만났던 남자보단 나아요. 난 왜 계속 이런 남자랑 만나게 되는 건지… 제 탓이죠." 수정처럼 아름답고 매력적인 이 여자는 대체 왜 자꾸 나쁜 남자를 만나게 되는 걸까?

수현씨는 신발 사건에 더 이상 집착하지 않게 되었다. 애인이 아닌 신발가게 주인에게 자존심을 팔아버린 것이 다행인 것 같기도 했다. 그리고 또 다짐했다. 앞으로는 절대 분위기에 휩쓸려 충동구매를 하지 않겠노라고. 내가 원하는 것이 아니라면 당당히 "노!"를 외치겠노라고. 늦은 것은 없다고 수정의 손을 잡고 이야기하고 싶었다.

사랑의 주도권을
놓지 말아라

왜 어떤 사람들은 아무리 생각해도 별로인 관계를 유지하고 있는 걸까? 연애는 행복하려고 하는 건데 불행한 시간을 이어가고 있다면? 덜 외롭기 위해 사람을 만나는 건데 매일매일 더 외로워진다면? 안정되고 싶어서 결혼을 했는데 더욱더 불안한 상황 속에 스스로를 내몰고 있다면?

아무리 생각해도 사랑은 아닌 것 같은데 그럼 대체 사랑은 무엇일까. 생각할수록 답이 없고 점점 미궁으로 빠지는 관계들은 왜 존재하게 되는 걸까.

어떤 사람은 손만 잡아도 연애의 시작이라 생각하고, 또 어떤 사람은 썸 타는 관계에서도 키스 정도는 할 수 있다고 생각한다. 그러니까 겉으로 드러나는 행동에 동의했다고 해서 그 이면의 마음까지 동의할 거라 단정 짓는 건 오산이다. 때로 우리는 상대의 마음이 내 마음과 다르게 표현될 때 당황하곤 한다.

한 남자는 한 여자와 우연히 알게 되고 술자리를 갖게 된다. 이런 저런 일상적인 이야기를 하다가 여자는 가끔 담배를 피운다고 말한다. 그러자 남자는 반색하며 그녀의 손을 잡는다. 이런 상황은 어떻게 이해할 수 있을까? 남자의 머릿속에는 아마도 '담배를 피우는 여자는 이성을 만나는 일에 개방적인 여자'라는 편견이 있었을지 모르겠다. 그러나 여자는 그저 "가끔 담배를 피운다"고 말했을 뿐, 상대방을 향해 어떤 신호를 보낸 것이 아니었다면?

정상적인 상황이라면 그 순간 여자는 손을 빼면서 놀라야 한다. 왜 이러냐고 묻지 않더라도 이건 아니라는 표현이 있어야 남자는 멈출 수 있다. 만약 여자가 남자의 반응을 살피느라 손을 빼지 못하고 상대를 배려까지 하느라 웃으며 가만히 있었다면 남자는 점점 선을 넘게 되고 여자가 생각했던 것과는 전혀 다른 방향으로 관계가 흘러갈 수 있다.

자칫 서로에게 상처가 될 수 있는 이 사건의 발단은 남자의 선입견에서 시작되어 여자의 수동적인 태도로 진전이 된 것이다. 선입견도 어이없지만 그것을 멈추지 못한 수동성도 안타깝다. 수정이 빠진 함정이 바로 이 수동성이다. 물론, 두 남녀가 그 어떤 권력 관계도 아닌 평등한 관계라는 걸 전제로 할 때 말이다.

변화와 성장은
한 사람의 희생으로는 불가능하다

두 번째로 수정이 빠진 함정은 나쁜 남자를 좋게 변화시킬 수도 있을 거라는 희망에 있다. 어떤 사람도 나쁜 남자를 좋은 남자로 바꿀 수는 없다. 그리고 그 과정의 고통을 감내해야 할 이유가 없다. 우리는 누군가를 돕기 위해 연애를 하는 것이 아니다. 자신의 행복을 지킬 수 없는 관계라면 그만둬야 마땅하다.

무엇보다 나의 자존감을 갉아먹는 상대는 최악이다. '너는 너무 부족해서 내가 있어야만 괜찮아지는 사람이야'라는 메시지를 주는 상대라면 가서 거울이나 보라고 할 일이다. 아마도 그 반대일 확률이 높다. 누군가를 누르고 자신을 빛내려는 사람은 그 누군가를 어떻게든 잡으려고 애쓴다.

흔히 우리는 '사랑을 하는 동안 성장한다'고 한다. 상대에게 주의를 기울이는 동안 그에게 빠지기도 하지만 동시에 내 감정과 내 감각이 더 생생해진다. 감정이 살아나는 만큼 내게 중요한 욕구가 무엇인지 알게 된다. 사랑하는 사람이 나를 바라볼 때의 시선에 이끌려 나 자신을 사랑하게 되기도 한다. 나아가 이 좋은 순간을 유지하고 싶어 스스로를 좋은 사람으로 만들기 위해 열심히 산다.

서로 다른 사람과 하나를 이루려 하는 순간 서로 부딪치는 가치들로 갈등이 생기기도 한다. 그 갈등의 순간을 잘 넘길 때, 우리는 아픈 만큼 한층 성장해 있는 걸 경험하게 되는 것이다.

이 모든 성장의 과정은 상호적이다. 엄마가 아이를 달래고 버텨주고 성장시키는 과정이 아니라 성인과 성인이 만나 더 단단한 성인이 되는 과정인 것이다. 그러니 한 쪽이 참고 견디는 것은 오히려 독이 된다. 견디는 쪽은 점점 위축되고 자기중심적인 상대는 더 기세등등해지는 관계. 마치 의존적인 사람과 자기애적인 사람이 합을 이루는 것처럼 각자의 병리적인 특성을 더욱더 강화하는 꼴이 된다.

헤어지고 나서 당분간
혼자만의 시간을 보내라

나쁜 남자에게 벗어나면 또 다른 나쁜 남자와 얽히는 수정은 아마 의존적인 성격일 가능성이 크다. 혹은 어린 시절의 상처로 버림받는 것에 대한 공포를 갖고 있을지도 모른다. 누구라도 내 곁에만 있어 주면 그걸로 만족한다. 나를 필요로 하는 사람이라면 기꺼이 모든 걸 내어준다.

상대가 나에게 해가 될지라도 나를 버리고 떠나는 것보다는 낫다. 그러나 이런 반응이 내가 진정 원하는 것은 아니라는 것을 안다. 학대에 익숙해진다는 것은 이처럼 무시무시한 일이다.

헤어지고 나서 당분간은 혼자만의 시간을 가져라. 누군가와 함께해서 얻는 행복감이 있다면 나 혼자서 행복을 즐기는 일도 가능하다. 자폐증을 앓았던 소설가 파스칼 키냐르는 『빌라 아말리아』란 소설에서 공간과 사랑에 빠지는 주인공 안 이덴의 삶을 묘사한다. 안은 오랫동안 만나온 애인이 다른 여자와 함께 있는 것을 목격한 후 그간의 삶을 모두 없애버리기로 한다. 집도 팔고 아끼던 피아노도 처분하며 헤어스타일도 옷차림도 모두 바꿔 전혀 다른 사람이 된다. 그렇게 여행을 떠나 맘에 드는 장소에 정착한다.

그녀의 새로운 삶은 아름답다. 누구든 이 소설에 빠져들면 혼자 한번 살아보고 싶은 심정이 들지 모르겠다. 자연과 더불어 나만의 공간 속에서 자유로운 시간을 보내며 그 어떤 억압과 긴장도 거부한다. 그렇게 그녀는 다시 작품 활동(안 이덴은 작곡가이자 피아니스트였다)을 시작하고 위대한 곡을 쓴다.

분명 소설 속 이야기는 극단적이다. 그럼에도 불구하고 평범한 우리들의 마음을 움직인다. 세상 속에서 온전히 나를 지키는 일이 때론 얼마나 힘겨운 싸움인가. 상처받은 나의 영혼을 구원하는 것은 결국 나 자신이 되는 것에서부터 가능하다.

수정은 어떻게 자신의 삶을 찾고 행복의 길을 찾아갈 수 있을까. 적극적으로 삶을 살아낸다는 것은 어쩌면 아주 사소한 결정에서부터 시작된다. 저 신발은 꽤 괜찮아 보이지만 지금 내게 필요한 것은 아니라 사지 않겠다고 말하는 그 순간, 주체성을 갖고 가뿐한 마음으로 내 삶을 살아나갈 수 있게 된다.

나쁜 남자 혹은 나쁜 여자는 보호막이 없는 상대에게 스멀스멀 꼬여드는 벌레와 같다. 내 마음을 잘 알고 표현할 수 있는, 자기 보호가 가능한 사람 앞에서는 오래 버틸 수 없다.

이때 명심할 것은 늦지 않았다는 것이다. 지금 이 순간 표현하면 된다. 이전의 실수나, 결정하지 못하고 질질 끌려갔던 태도들을 자책하지 말고 "아니오"라 말하고 등을 돌리면 된다. 더 이상 미루지만 않는다면 늦은 때란 없다.

언니의 솔루션

1. 상대가 내 마음을 오해하고 있다면, "노(No)!"라고 당당히 말하자.
2. 나의 자존감을 낮추며 자신을 높이는 사람과는 만나지 말자.
3. 헤어지고 나서 당분간 혼자만의 시간을 가져라.

연애는
인내심 테스트?

불화가 많은 가정에서 중재자의 역할을 맡았던 사람들은
평화주의자가 된다. 갈등을 피하는 데 집착하다 보면
연애는 인내심 테스트가 되고 결국 한계에 부딪친다.

수현씨가 좋아하는 친구는 별명이 '곰'이다. 덩치도 얼굴도
딱 곰인데 하는 짓도 그렇다. 어떤 얘기건 잘 들어주는 수용적
인 그였지만, 가까운 누군가가 피해를 보게 되면 누구보다 힘
있게 나서기도 한다. 사냥꾼의 위협에 아기 곰을 지키는 엄마
곰처럼.

가끔 묵묵히 듣고 있는 그를 볼 때면 궁금해졌다. 생각이 없
는 건지 있어도 그저 참는 건지, 듣는 게 재밌는 건지 상대 눈
치 보느라 듣는 척을 하는 건지 헷갈렸다. 궁금한 게 많아 질문
을 쏟아내면 친구는 그저 웃고 만다. 수현씨의 타입은 아니었

지만, 아무말대잔치를 하고 싶은 날엔 제일 먼저 생각나는 소중한 친구였다.

그런 그가 어느 날 술에 잔뜩 취해 전화를 했다. 평범한 일상도 얘기하길 꺼리는 그가 힘든 일이 있어 전화를 하는 건 정말 드문 일이었다. 하필 그날부터 수현씨는 다이어트를 시작해 저녁 금식을 선언했지만 그걸 깰 수밖에 없는 대사건이었다. 5분 전에 갈아입은 옷을 다시 주섬주섬 챙겨 입고 집을 나섰다. 대체 이 시간에 취한 건 몇 시부터 마셨다는 건지 일단 걱정이 앞섰다. 동시에 역시 이상한 놈이라고 생각하면서 집 근처 이자카야에 들어섰다. 둘이 종종 만나는 장소다.

"수현아, 오늘 휴가내고 혼자 도서관에 있다가 갑자기 미쳐버릴 것 같아서…." 그는 오늘 회사에 가지 않았다. 그리고 출근 시간에 도서관에 가서 혼자 멍하니 앉아 있었단다. 속이 부글부글하고 괴로운 생각이 떠올라 엎드려 자기 시작했는데 깨보니 3시가 훌쩍 넘은 시간이었다. 배가 고파 국밥집에 갔다가 소주를 혼자 두 병이나 마셨다고 했다. 그 상태로 그만 눈물이 터져나온 거다. 그래, 네가 스트레스 풀 게 잠과 술 그 2가지밖에 더 있겠냐. 커다란 등을 보는데 정말 곰 같았다.

그러고 보니 둘이 만난 건 한참 전이다. 여자 친구가 생긴 후엔 연락이 뜸해졌고 그렇게 잘 사귀는 게 신통하고 혹시나 오해를 살까봐 연락을 안 하고 지낸 지가 벌써 1년이었다. 그러니까 친구는 여자 친구와 문제가 생긴 걸 거다. 곰처럼 무던했던 그를 불구덩이에 집어넣은 애인은 대체 어떤 사람일까? 고개를 슬그머니 드는 그에게 일단 위로부터 해야 하나, 궁금해 죽겠는 질문들을 꺼내야 하나 망설여졌다.

"야, 안 그래도 너 살아 있나 궁금했는데. 미치기 전에 만나줘서 고맙다." 여기까지 불러내고도 부끄러워 술만 마시다 가버릴까봐, 수현씨는 일단 덥석 그를 받아주었다. 지금 이 순간의 그를 공감하면 낱낱의 사연들이 줄줄 나오고 그것을 그대로 들어주면 되는 거라고 어느 정신과 의사가 쓴 책이 기억났다. 자, 이제 이야기를 해 봐. 나 이렇게 귀 활짝 열어놓고 들을 준비 완료!

술은 이제 수현씨가 마실 차례였다. 일단 연어 사시미와 사케를 시켰다. 그는 늘 아무거나 괜찮다고 말했지만 연어 사시미가 나올 때만은 젓가락을 먼저 들었다. 원하는 게 있으면서도 늘 "아무거나"라고 말하는 그가 오늘따라 처량해 보였다.

수현씨의 고맙다는 말에 마음이 움직인 건지, 연어 사시미에 감동을 받은 건지 그는 천천히 이야기를 시작했다. 1년 전에 만난 그의 여친은 자기 주장이 워낙 센 사람이라고 했다. 수동적인 남자친구를 확 잡아주는 적극적인 여자로 처음엔 그냥 좀 끌려가는 기분이다가 정이 들었다고 했다.

어느 긴 연휴를 계기로 두 사람은 여행을 함께 다녔고 급속도로 가까워져 한 달 전부터 동거를 시작했다. 그가 살던 오피스텔 전세 값이 턱없이 오르기도 했고 매일 붙어 있는 둘에게 두 채의 집은 사치스럽게 느껴졌던 게 불행의 시작이 된 거다.

같이 살면서 여자 친구는 요구가 늘었다. 밖에서 짜증나는 일이 생겼을 때 집에 와서 화풀이를 하는 건 예사였고, 그가 집에 늦게 오는 날엔 휴대폰이 경기라도 일으키듯 계속 울렸다. 아무리 맞춰주고 즐겁게 지내도 한 번 자기 맘에 들지 않는 행동을 하면 극도로 기분이 상했고, 그 냉랭한 기운이 2, 3일은 지속되었다.

문제는 차가운 여친의 반응에 그가 완전히 얼어버린다는 거였다. 그의 기분은 여자 친구에 따라 좌지우지되는 것 같았다. 매일 매순간 애인의 상태를 살피느라 진이 빠졌다. 그러다 결국 이 지경까지 온 것이다.

회사 회식으로 정신없이 술을 따르고 받느라 휴대폰에 신경을 못 쓰던 그에게 여자 친구는 20통이 넘게 전화를 했다. 애초에 전화한 이유는 들어올 때 우유를 사오라는 거였는데 그가 전화를 받지 않자 여자 친구는 점점 화가 나기 시작했다.

뒤늦게 부재중 전화를 확인한 그는 손이 덜덜 떨렸다. 무슨 일인가 싶어 걱정도 되고, 얼마나 화가 났을까 무섭기도 했다. 곧 문자 폭탄을 확인하고 머리가 아파왔다. 집에 겨우 기어들어 간 그는 뜬 눈으로 밤을 보내곤 부장님께 연차를 쓰겠다고 메시지를 보냈다.

"그 사람 기분이 좋으면 아무 문제가 없거든. 내가 그냥 맞춰 주면 다 괜찮을 줄 알았어. 근데 이제 한계에 온 것 같아." 수현 씨는 기분이 꿀꿀할 때마다 그를 불러냈던 게 미안해졌다. 어떤 말이건 허허 하며 들어주던 그가 그냥 그런 사람인 줄 알았던 게 반성도 됐다.

그는 친구를 위해 기꺼이 쓰레기통이 되어준 것이다. 생각이 없어서 말을 안 한 게 아니라 상대가 기분이 풀리고 좋아질 때까지 참고 기다려준 것이라고 생각하니 고맙기도 하고 미련해 보이기도 했다. 무엇보다 진심으로 그를 돕고 싶었다. 뚜껑은 이미 열렸다. 열을 식혀주고 수증기를 충분히 빼낸 뒤 다시 평온한 곰으로 돌아가게 해주고 싶었다.

왜 그토록 갈등을 피하는 것에 집착하는가

"나는 평화주의자"라고 말하는 사람들을 가만 보면, 갈등 자체를 지나치게 기피하는 경향이 있다. 어떤 사람들은 평온하고 싶다며 늘 무감각한 채 살고자 한다. 표정도 없고, 감정 표현도 별로 없다. 어쩌면 늘 긴장하고 있기 때문이다. 평화를 원하기 때문에 기쁨도 마다하겠다는 이런 태도는 안타깝고, 때론 이해하기가 힘들다.

심지어 갈등을 일으키는 사람들에게 화가 나기도 한다. '화'라는 감정은 생존의 위협을 느끼는 상황을 제외하고는 당위적인 생각에서 비롯된다. '어른에게는 공손하게 인사를 해야 된다'란 생각이 있으니 인사를 안 하고 지나가는 젊은이에게 화가 난다. 따라서 갈등이 시작되는 지점에서 화가 나는 이들은 '갈등은 있어서는 안 된다'란 당위가 있는 것이다.

화 대신 공포에 휩싸이는 경우도 있다. 그 이면에는 '갈등은 곧 불행의 시작이다'라는 생각이 있다. 이처럼 갈등에 대해 반사적으로 나타나는 부정적인 감정은 갈등 그 자체를 피하고만 싶게 만든다.

그러나 갈등 자체를 나쁘다고 할 수는 없다. 갈등이 어떻게 표현되고 해결되는지가 중요한 것이지 그 자체로 상처가 되는 것은 아니다. 그러니까 갈등이 폭력적인 방식으로 표현되고 해결되지 않았던 역사를 갖고 있다면 '갈등은 곧 폭력'이라는 인식이 자랐을 것이다.

그렇게 생각하면 갈등 자체를 어떻게든 피하고 싶은 그 마음에 공감할 수 있다. 누군가는 논쟁 자체를 놀이처럼 즐기지만 누군가는 논쟁으로 시작되어 몸싸움으로 이어지고, 결국 집안을 전쟁터로 만들었던 그 일련의 과정을 기억하며 아파한다.

불화가 많은 가정에서 중재자의 역할을 맡았던 사람들은 평화주의자가 된다. 더구나 내가 힘이 있어서 중재하기 시작한 것이 아니라 무섭고 우울했지만 어쩔 수 없이 그 역할을 해야만 했던 사람들은 더욱더 갈등을 피하는 데 집착한다.

홀로 견디기 힘들었던 어린 시절을 억지로 버텨온 사람들은 갈등이 상징하는 온갖 부정적인 감정 덩어리를 안고 사는 것과 같다. 상처 받은 자신을 방치해둔 부모에 대한 화, 싸움을 바라보며 생존의 위협을 느꼈던 공포 같은 것을 말이다. 증오와 미움 그리고 불안과 우울까지. 소화되지 않은 채 고스란히 남아 있는 그 감정들이 갈등 상황에서 스멀스멀 올라와 그를 괴롭힌다.

갈등이 잘 해결된 상태에서
평화가 찾아온다

그래서 갈등을 피하는 가장 손쉬운 방법을 택한다. 내가 참고 내가 견디면 상대가 어떻게 나와도 부딪칠 일이 없다. 그러니 갈등은 일어나지 않을 것이다. 이런 생각으로 누군가를 만난다면 결국 연애는 인내심 테스트가 된다. 얼마나 버틸 수 있는지 스스로 시험하면서 뿌듯해질 수도 있다.

그래서 때로 잘 참는 평화주의자는 분노에 익숙한 사람과 잘 맞는 것처럼 보인다. 그 누구도 받아주지 못했던 화를 그가 받아주니 좋고, 참는 것이 나의 강점이라고 생각하는 사람에게는 내가 잘하는 것을 확인할 기회를 주는 사람에게 끌린다.

그러니 정신을 바짝 차리지 않으면 병리적인 관계의 굴레에 함께 갇히게 된다. 그럼에도 불구하고 사랑하는 관계라면 파괴적인 관계를 멈춰 바라볼 수 있다.

수현씨의 남사친처럼 한 쪽이 한계에 도달했다고 느꼈을 때 다른 한쪽은 아무런 문제의식이 없다면 생각해봐야 한다. 물론 얼마나 힘든지 말을 하지 않으니 칼을 휘둘렀던 상대는 다 끝난 일이라 여기고 넘어갈 수도 있다. 이때 힘든 마음을 고백했는데도 잘 들어주지 않거나 심각성을 느끼지 못한다면 멈춰야 한다.

때로 심각한 갈등상황이 좋은 기회가 될 수도 있다. 그러니 갈등을 피하려고만 한다면 관계는 더 이상 깊어지지도, 개선되지도 않은 채 흐지부지 끝나버릴 수 있다. 평화는 갈등을 덮을 때 찾아오는 것이 아니다. 문제를 명료하게 한 뒤 함께 잘 풀어갈 때 진정한 평화가 온다는 것을 알아야 한다. 그렇게 명료해지는 과정에서 서로 아플 수 있다는 것을 인정해야 한다.

그리고 아픈 것이 지나가야 상처가 잘 아물 수 있다는 걸 믿어야 한다. 상처에 소독약을 바르는 그 순간이 너무 아프지만 그걸 잘 견디고 나면 새살이 돋아나는 것처럼 말이다.

수현씨의 남사친은 여자친구에게 돌아가 말해야 한다. 어젯 밤 스무 통의 부재중 전화를 확인했을 때 어떤 감정에 휩싸였는 지를. "네가 안 받으니까 그런 거지!"라며 원인 제공자는 바로 너라고 받아칠지도 모른다. 그때는 그 마음을 그대로 받아주 되, 미안하다며 체념하고 꼬리를 내리는 것이 아니라 그때부터 시작하는 거다. "내가 바로 전화를 받지 않아서 답답했겠다. 미 안. 하지만 때로 전화를 받지 못하는 상황이 있을 수도 있고, 그 런 상황을 네가 받아들일 수 없다면 나 역시 너처럼 답답함을 느껴"라고 말을 이어 나가는 거다.

그 과정에서 감정이 격해지고 화를 내지르고 싶어질 수 있다. 그럴 땐 심호흡을 하고 잠시 멈추자.

때론 자리를 피해 서로 진정이 된 후에 다시 말을 시작하는 게 낫다. 그리고 서로 자기 감정만을 이야기하는 게 아니라 서 로의 차이를 인정하고 그에 따른 절충점을 찾아 가는 것도 중요 하다.

술자리에서 전화를 잘 확인하지 않는 애인의 버릇으로 불안 해진다면 좀더 신경 쓰도록 노력해볼 수 있다. 반대로 자기 불 안을 어쩌지 못해 애인의 탓으로 돌리고 폭력적인 문자메시지를 퍼붓는다면 그것을 확인하는 상대가 어떤 기분이 들지에 대해 좀더 생각해보고 자제할 필요가 있다.

균형을 맞춰라,
욕구는 보편적이다

들어주는 걸 더 잘하는 사람이 있고, 말하는 걸 더 잘하는 사람이 있다. 서로가 다르기 때문에 무엇이 더 좋은 거라고 할 수 없고, 때론 그 차이에서 비롯되는 매력에 끌리기도 한다. 소극적인 사람은 적극적으로 자기주장을 잘하는 사람에게 대리만족을 느껴 끌린다. 반대로 자기주장이 센 사람은 잘 들어주고 배려해주는 사람에게 기대게 된다. 그럼에도 불구하고 우리는 모두 보편적인 욕구를 갖고 있다는 걸 잊어선 안 된다.

"아무거나"라고 외치는 사람도 나도 모르게 젓가락을 먼저 들게 되는 음식이 있다. 수현씨 친구의 연어 사시미처럼 말이다. 내가 지금 이 순간 무엇을 원하는지 깨닫기까지 시간이 좀 걸릴 수 있고, 기회가 없어 서툰 표현에 머무르는 것일 수 있지만 원하는 게 없는 사람은 없다. 적극적인 사람에 기대어 자기를 알아가는 과정인지도 모른다. 그렇다면 조금 더 기다려주고 배려해주는 시간도 필요하다.

인내심이 나의 강점이라고 생각하는 평화주의자들도 스스로를 좀더 배려해야 한다. 어쩌면 내가 다 맞춰줄 수 있다고 생각하는 건 교만이다.

나는 신이 아니다. 그저 평범한 한 인간일 뿐인데 어떻게 모든 걸 다 맞춰주고 참을 수 있겠는가. 그러니 힘들 때 멈추고 어디까지 감당할 수 있는지 스스로에게 묻는다. 지금 이대로 괜찮은가? 어딘가에 너무 치우쳐 균형을 잃고 만 것은 아닌가. 평화를 위한답시고 나를 전쟁터에 방치해둔 것은 아닌가.

영화 〈우리의 20세기〉에서 남편과 헤어진 후 홀로 아들을 키우는 엄마는 아들이 혹시 힘들지 않을지, 불행해지는 건 아닐지 늘 걱정이다. 어느 날 아들은 학교에서 친구들과 장난을 치다가 숨이 막혀 죽을 뻔한다. 엄마는 그 위험한 장난을 친 아들이 의심스럽다. 혹시 죽고 싶었던 건 아닐까. 그만큼 지금 뭔가 힘든 것은 아닐까. 어설프게 아들에게 묻는다. 너 지금 정말 괜찮은 거냐고. 그때 아들은 그 어느 때보다 진지하게 말한다. "엄마는 지금 행복하세요? 혼자 외롭잖아요!"

어쩌면 타인의 행복과 불행을 알아차리는 것보다 나의 불행에 직면하는 것이 더 어렵다. 그럼에도 불구하고 나의 상태를 알아차리고 변화를 시도하는 것이 더 중요하고 더 확실하다.

연인관계에서도 마찬가지다. 나 자신을 변화시키는 것이 상대방을 변화시키는 것보다 더 쉽다. 그리고 성공률이 높다. 상대를 알아가는 과정이 수많은 추측과 나름의 해석들 속에서 작은 단서를 찾아내는 보물찾기와 같다면, 나를 아는 것은 이미 내 안에 있는 나를 그저 알아주기만 하면 되는 집안 청소와 같은 일이기 때문이다.

내가 행복해야 상대도 행복하다는 걸 기억하자. 그리고 상대의 불행으로 행복해지는 사람은 만나지 말자. "네가 잘 참아주니까 만나는 거야"라며 대놓고 참을성을 요구하는 사람이랑은 다시 생각해보자. "난 원래 화를 잘 내는 사람이잖아"라며 상대가 무조건 감당해줄 것이라고 믿는 사람이랑은 일단 거리를 두자. 함께 행복하길 바라는 관계가, 함께 행복할 수 있는 관계가 바로 사랑이다.

언니의 솔루션

1. 평화는 참는 것이 아니라 갈등을 잘 해결했을 때 찾아온다.
2. 원하는 것은 누구에게나 있다는 것을 알고 서로 배려하자.
3. 내가 행복해야 상대도 행복하다는 것을 기억하자.

조건에 맞아야
믿는다고?

상대를 알고 사랑하는 데 시간이 필요한 것처럼 믿음도 시간과 함께 굳건해진다.
다만 어떤 마음가짐으로 서로를 대하느냐는 중요하다.
조건 없이 믿는 것, 그것이 바로 사랑이다.

애인을 다시 만난 건 작년 오늘이었다. 대학 때 만나 졸업하
고도 2년을 더 만난 사이였다. 그렇게 3년쯤 지난 어느 날, 이별
을 먼저 말한 건 그였다.

하루 이틀 동안 눈물을 쏟았지만 생각보다 금방 극복했고, 한
달 만에 용서를 빌고 찾아온 그에게는 차갑게 거절하며 돌아섰
다. 아마도 그 즈음에 둘은 어긋날 인연이었나보다. 더 솔직하
게 말하자면, 그가 후회할 즈음 수현씨는 다른 사람에게 이미
빠져 있었다.

어떻게 한 달 만에 사랑을 접을 수 있냐고? 그렇게 사랑한다 했으면서! 그럼 거짓이었던 건가. 아니다. 갑작스럽게 이별을 통보하는 것이 가능한 사람에게는 한 달 만에 사랑을 거두는 일도 가능하다. 배신감이 그만큼 컸다는 뜻일 거다.

이별 통보가 겉보기에만 갑작스러웠다면 남아 있던 사랑은 그냥 불안이었을 수도 있다. 그렇다면 거두어들인 건 사랑이 아닌 감정의 찌꺼기였겠지. 어쨌거나 수현씨에겐 새로운 인연이 기다리고 있었다.

그녀가 일하는 광고 회사는 크지 않았지만 한창 몸집을 불리고 있었다. 안정적인 수익 창출이 가능할 거라는 희망을 담보로 일은 계속 많아졌다. 한 선배는 그만 두고 싶을 때마다 신용카드를 시원하게 긁는다고 했다. 할부 갚을 핑계로 퇴사를 막는 방법이란다.

대리로 승진한 수현씨에게도 제법 일 같은 일이 주어졌다. 야근도 잦고 집에 가는 길에 멍하니 정신 줄을 놓거나 괜히 울컥하는 날이 늘어난 시기였다. 그런 그녀를 늘 곁에서 챙겨주는 동기가 있었다.

이름은 김상욱. 러시안블루 품종의 '블루'란 고양이를 키우며 혼자 사는 남자였다. 그냥 편한 동기 정도로 생각했던 상욱에게 수현씨는 점점 의지하게 되었고, 가끔 블루의 간식을 사서 집에 놀러 가기도 했다.

고양이 블루는 눈으로도 부드러운 감촉이 느껴지는 매혹적인 존재였다. 수현씨는 그토록 아름다운 고양이를 직접 만져볼 수 있다는 게 신기했다. 결정적으로 블루의 이름을 지은 배경을 듣고 그녀는 상욱을 사랑하기로 결심했다. 줄리엣 비노쉬가 나오는 영화 〈세 가지 색: 블루〉를 좋아한다는 상욱은 과묵하고 로맨틱한 남자였다.

둘의 연애는 3개월 만에 끝이 났다. 어려서부터 단짝이었고 대학 때부터 같이 살았다는 이전 여자 친구가 상욱을 찾아온 것이다. 남매 같은 사이라고 말했지만 수현씨는 그녀와 마주친 그 순간에 알았다. 너무 끈끈해서 잠시 떨어질 필요가 있었던 그들의 사랑에 관해 말이다.

깨끗이 포기하고 돌아선 수현씨의 마음은 왠지 홀가분했다. 3개월 동안 경험한 상욱의 세상이 꿈만 같았지만 그래도 내 것이 아니라고 생각하니 받아들일 수 있었다.

그렇게 1년쯤 지난 어느 날, 수현씨는 술에 잔뜩 취해 이전 남자친구에게 전화를 걸었다. 담담히 받은 그는 마치 어제 헤어진 연인처럼 오늘 무슨 일이 있었냐고 물었다. 순간 그 목소리가 너무 따뜻해서 수현씨는 엉엉 울었다. 벌써 오래전에 나왔어야 하는 눈물이 뒤늦게 해방구를 찾은 것 같았다. 그에게 푹 안기고만 싶었다.

"내가 어떻게 지냈는지 안 궁금해? 술 취해서 전화한 나를 어떻게 믿었어?" 다시 만나기로 한 날부터 마음속으로 해오던 질문이었다. 우리가 1년을 또 잘 지내온 것을 축하하는 이 봄날, 수현씨의 몹쓸 발언으로 긴장감이 맴돌았다. "아, 이건 아닌데." 말을 뱉고 나자마자 후회했지만 어쩔 도리가 없었다. 이렇게 또 헤어지면 다시는 못 만나겠고 우리는 인연이 아닌 거고. 불안한 마음에 혼자 소설을 쓰고 있을 때, 그가 입을 열었다.

"궁금하지만 다 지난 일이잖아. 이제 아무 상관없어." 헤어지자고 말한 후 자책을 많이 했다고 말했다. 자신이 모자란 탓이었는데 수현씨가 혹시 자책할까봐 걱정했다고 했다. 너무 미안하고 이렇게 다시 볼 수 있다는 게 꿈만 같다며 고맙다고 말했다. 그동안 누굴 만났더라도 현재가 중요한 것이라고 몇 번이고 반복해서 말했다.

어쩌면 그는 과거의 기억을 돌이키는 게 두려웠는지도 모른다. 눈 감고 귀 막은 채 지금의 그녀만 바라보려고 애를 쓰고 있을지도. 그런 그가 조금 안타깝게 보일 즈음 결정적인 한 마디를 덧붙였다. "그리고 수현아, 사랑하니까 믿는 거야. 조건부로 믿는 건 믿음이 아니라 의심이겠지."

문득 며칠 전 만났던 친구가 생각났다. 친구와 그의 애인의 싸움은 늘 제자리걸음이라고 했다. 나를 믿어달라는 그녀와 믿을 만한 행동을 내게 보여달라는 애인은 늘 팽팽했다. 친구 입장에서는 '어차피 나를 믿지 못하는데'란 생각에 자주 무력감을 느꼈고, 안전하고 싶은 애인은 '날 이렇게 힘들게 하는 사람과 계속 만나야 할까?'란 생각에 괴로웠지만 둘은 헤어질 수 없었다. 친구를 보는 수현씨의 마음은 착잡했다.

지금 이 멋진 애인 앞에 앉은 스스로가 괜찮아 보였다. 날 믿어주는 사람과 함께 있다는 것이 편안하고 행복했다. 미세먼지로 흐릿한 세상 속에서 이제 수현씨는 유독 빛나는 존재가 된 것 같았다. 과거를 비난하고 자책하지 않아도 현재 더 자유롭게 사랑할 수 있는 사람이 있다는 게 참 다행이다.

카페 안에서 이적의 〈정류장〉이란 곡이 흘러나온다. '그대여서 고마워요'란 가사를 따라가던 수현씨는 말없이 손을 내밀었고 그의 손이 포개졌다. 크고 투박한 이 감촉, 익숙한 그 손길이 수현씨의 마음을 한번 더 어루만져주었다.

때론 믿음이
사랑의 전부다

관계에서 가장 중요한 것은 역시 믿음이다. 상담에서도 마찬가지다. 상담자를 믿지 못하면 무엇이 힘든지 제대로 말할 수 없거나 힘든 걸 과장해서 말하게 되고 문제의 핵심은 놓치고 만다. 그렇게 이야기가 겉돌 때 상담자도 내담자를 잘 도울 수 없고, 도움이 안 되는 상담은 허무하게 끝이 난다.

이때 물론 신뢰를 쌓지 못하는 책임은 상담자에게 있다. 잘 믿지 못하는 게 핵심 문제라면 그 문제를 해결하는 게 도전 과제가 되니 그걸 어떻게 풀어갈지는 상담자의 능력에 달려있는 것이다.

그래서 때로 상담을 받으러 온 사람들은 상담자를 테스트한다. 처음부터 솔직하게 말하기 이전에 거리를 두고 믿을 만한 사람인지를 가늠한다. 물론 모두가 그런 것은 아니다. 그래서 신뢰감의 문제로 찾아오는 내담자들 앞에서 상담자는 때로 더 예민해지고 소진되는 경험을 하게 된다.

그럼에도 불구하고 상담자에겐 그것이 중요한 임무이니 기꺼이 한다. 더구나 잘 훈련된 사람이라면 쓸데없는 감정에 휘둘리지 않고 불안한 내담자를 잘 버텨준다. 이것이 바로 일반인과 전문가의 차이이다.

연인 관계는 상담 관계와 다르다. 물론 둘 중 어느 한 명이 너그러울 수 있고, 더 잘 들어줄 수도 있으며, 불안한 감정을 덜 느낄 수도 있다. 때론 더 성숙해서일 수도 있고, 서로 성숙한 지점이 달라 잘 보완이 될 수도 있다. 그럼에도 불구하고 어느 한 쪽이 일방적으로 치료자가 될 수는 없다.

왜 미숙한 나를 받아주지 못하냐며 책임을 물을 수 없으며, 테스트를 하면 불신이 쌓일 수 있다는 걸 각오해야 한다. 그러니 그저 믿을 수밖에 없다. 상대를 믿고 나의 미래를 지금 이 사람에게 맡겨보는 것은 사랑한다는 증거이기도 하다.

불신의 원인은
누구에게 있는가

매사에 엄격한 A는 애인 B의 절제 없는 행동이 눈엣가시였다. 그에겐 너무 당연한 것인데 거기에 미치지 못하는 애인의 태도가 늘 못마땅했다. 약속시간을 지키지 못할 때나 A와 만나는 시간 동안 다른 사람과 통화를 할 때, 격식 있는 장소에 잘 차려입고 나오지 못할 때 등 치밀어 오르는 화를 누르느라 애를 먹었다.

'나를 사랑한다면 내가 싫어하는 행동은 하지 말아야지!'란 생각에 이르자 B의 반복적인 실수나 예의 없다고 생각되는 태도는 곧 A를 무시하는 것으로 해석되었다. 그렇게 쌓인 화는 결국 폭발했고, 관계를 이어가야 할지 아니면 끝내야 할지 진지한 고민이 시작되었다.

그들의 문제는 어디서부터 시작된 것일까? A는 B의 태도 변화를 요구했고, 그렇게 하지 않으면 당신을 신뢰할 수 없다고 말했다.

믿음을 쌓아가는 데는 분명 시간이 필요하다. 상대를 알고 사랑하는 데 시간이 필요한 것처럼 믿는 마음도 시간과 함께 굳건해진다. 다만 어떤 마음가짐으로 상대를 대하느냐는 중요하다. '내 생각은 맞고 너는 틀리다'라거나 '나는 좋고 너는 나쁘다'란 식의 이원론에 빠지게 된다면 어떨까?

A의 불신은 두려움에서 시작된 생각일 수 있다. B의 무심한 행동에서 배신감을 느꼈을 수도 있다. 예를 들면 B가 다른 친구와 전화할 때의 목소리가 더 다정하게 들렸을 수 있고 그래서 가벼운 투정이 시작되었을 수 있다. 그 즈음 A에게서 전화가 뜸해지고 예전과 다르게 애정표현도 덜해졌을 수 있다. 서운한 감정은 부정적인 단서에 초점을 맞추게 한다. B의 사소한 거짓말이 트리거가 되어줄지도 모른다. 단번에 B는 믿지 못할 사람이 되고, A는 옳지 못한 상대를 받아줄 것인지 아니면 차버릴 것인지 선택의 기로에 놓이게 된다.

거슬러 올라가보면, 사건은 '두려움'이라는 감정에서 비롯되었다. 어느 누구의 탓도 아닌 어쩌면 관계가 변화하는 시기에 찾아오는 불청객 같은 것 말이다. 당연히 B도 느꼈을 것이다. 언제나 사랑이 같은 강도로 유지될 수 없다는 건 누구나 잘 알고 있다. 동시에 영원하기를 바라는 마음 역시 누구에게나 같다.

그러니 두려움을 숨기고 쿨한 척 포장하거나 누군가를 탓할 것이 아니라 솔직하게 말하고 함께 견뎌야 한다. 두려움을 극복한 관계는 그만큼 더 신뢰가 쌓인다.

사랑을 선택한
나를 믿어라

수현씨의 애인은 아무 생각이 없어 그녀가 내민 손을 덥석 잡았을까? 아닐 거다. 현재의 관계가 느슨해지는 어느 날엔 스멀스멀 불쾌한 생각들이 일어날 것이다. 1년이라면 결코 짧은 시기가 아닌데, 두 명은 만났다가 헤어질 수 있는 시기인데, 어쨌거나 이제 우린 끝이라며 냉정하게 등 돌렸던 그녀였는데 과거를 캐묻고 따지며 관계에서의 주도권을 잡아보려 할지도 모를 일이다.

반면 수현씨는 어떨까. 서로 시들해졌든, 자신감이 없었든 간에 3년 동안 사랑했던 여자를 그렇게 쉽게 놓아버린 이 남자를 마냥 믿을 수 있었을까? 이전 연애의 상처까지 들쑤셔지는 날엔, 너 때문에 내가 힘든 연애에 빠졌었노라고 탓하진 않았을까? 짧은 시간 동안 강렬하게 끌렸던 그를 생각하면 상대도 분명 그럴 수 있었다고 상상의 나래를 펼쳐볼 수도 있을 것이다.

그러나 둘은 그러지 않기로 했다. 왜냐하면 지금 이 순간, 다시 사랑하고 싶기 때문이다. 헤어진 시간 동안 서로 방황하고 그만큼 스스로의 약점에 직면하게 되었다면, 그만큼 더 겸손하게 사랑하면 된다. 그들은 그렇게 손을 맞잡았다.

조건 없이 믿는 것, 그게 바로 사랑이다. 상대를 계속 사랑하기로 한 나를 먼저 믿을 수 있어야 우리는 성장한다. 각자의 사랑을 믿고 서로의 약점을 더 꼭 안아줄 수 있는 관계라면 미래를 걸어볼 만하지 않겠는가.

미세먼지에 대비하라는 긴급재난문자가 울린다. 그 순간 요란한 휴대폰 진동에 우리는 깜짝 놀라 하던 일을 멈추게 된다. 불쾌한 날씨를 예감하며 기분이 확 상할지도 모른다. 어쩌다 이 지경까지 된 건지 불만을 토로하게 될 것이다. 마스크를 꼭 준비해야 하는지 그 답답함과 번거로움에 투덜거릴지도 모른다. 불평불만에 정신을 빼앗겨 무방비 상태로 집을 나섰다면?

사실 재난문자는 건강을 위해 미리 대비하라는 좋은 취지의 신호였을 것이다. 연인의 갑작스러운 이별통보는 관계에서의 위기를 알리는 적신호였을 것이다.

물론 이미 마음이 떠나버린 상대를 돌려 세울 방법은 없다. 그저 받아들일 수밖에. 다만 그 신호를 잘 받아들여 앞으로의 위험에 대비할 수 있다면 좋겠다.

요란한 신호음에 휩싸이면 재난문자는 그저 또 다른 위협이 된다. 불안한 마음을 잘 다독이고 현재의 관계에 집중할 수 있다면 이별의 위기나 불안의 단서들은 앞으로의 나와 우리를 보호해줄 방패가 되어줄 것이다. 사랑을 믿는다면 말이다.

언니의 솔루션

1. 상대에 대한 의심이 생길 때 혹시 무언가 두려운 것은 아닌지 생각해보자.

2. 나의 선택을 우선 믿어라. 그래야 관계에서도 더 자신감을 갖게 된다.

3. 불안을 다독이고 현재의 관계에 집중한다면 위기는 성장의 기회가 된다.

부모님이
좋아하신다면?

부모로부터 독립한 어른으로서 이 험난한 세상을
버텨낼 수 있다는 자신감을 키우는 일,
그 믿음을 함께 공유하는 관계가 바로 부부이고 동거인이다.

수현씨의 나이도 어느덧 서른을 향하고 있다. 어느새 결혼하
는 친구도 생겼다. 동시에 수현씨는 결혼을 꼭 해야 하나 싶은
생각에 애인과도 거리를 두게 되는 시기였다.

만난 지 6년쯤 되니 마음도 닮아가는 걸까? 남자친구도 결혼
얘기는 하지 않았고, 거리를 좁히려 하지도 않았다. 그런 상대
가 대체로는 편하고, 가끔은 야속한 날들의 연속이었다. 어쩌
면 이대로 헤어지게 될지도 모른다는 생각을 하면서 애인보다
는 친구와 만나는 시간이 자연스레 늘었다.

가끔은 엄마를 떠올렸다. 엄마는 혼자 살면서 무슨 생각을 할

까? 딸이 시집을 가든 말든 상관이 없는 걸까? 다 큰 딸이 혼자 사는데 걱정도 안 되나? 어울리지 않게 간섭이 시작되면 짜증이 폭발하면서도 너무 멀다고 생각될 땐 서러움이 온몸을 덮치는 기분이었다. 어쩌면 외로움은 이런 게 아닐까. 관심을 거둬버린 이들에 대한 서운함에 갇혀 옴짝달싹 할 수 없게 되어 버린 상태. 수현씨는 안되겠다 싶어 전화를 걸었다.

"우리 수현이 잘 지내?" 엄마의 다정한 목소리를 들으면 서운함 따위는 단숨에 사라지는 기분이었다. 아, 이렇게 아기 같은 내가 결혼은 무슨. 혼자 생활하는 데 너무 익숙해진 것 같기도 했다. 누군가와 새로운 가정을 꾸린다는 게 상상이 되지 않았다. 이 와중에 엄마는 결혼식장에 갔던 이야기를 꺼낸다. 전화를 끊고 난 수현씨는 마음이 복잡해졌다.

엄마는 항상 "너 자신만 생각해!"라고 말했지만 정작 본인은 그러지 못했다. 술에 취해 들어오는 밤에는 "떠나고 싶다"고 말했지만 엄마는 늘 수현씨와의 적정 거리를 유지한 채 그림자처럼 붙어 있었다. 가끔 누군가를 만났지만 딸에게 피해가 되거나 상처를 줄까봐 조심했다. 그런 엄마의 행동을 보면 수현씨 역시 내 맘대로 뭐든 할 수가 없었다. 이러다 서로 너무 집착하는 모녀지간이 될까봐 수현씨도, 어쩌면 엄마도 걱정했다.

하필 이렇게 심란한 때, 남자친구에게서 전화가 왔다. 싱글

이 된 회사 동료를 위로하느라 술자리가 길어지고 있는데 나오 겠냐고 했다. 결혼한 지 1년 만의 이혼이었다.

이혼 사유는 고부 갈등에서 시작된 성격 차이란다. 짧은 연애로도 '이 사람이다' 싶어 결혼했는데 막상 이후의 상황이 180도 바뀌었다고 했다. 순하고 착하던 여자 친구는 매사에 신경질적인 아내가 되었다. 시어머니의 간섭을 중재하지 못하는 남편의 태도에 화가 났고, 그 상태로 싸움이 시작되면 서로 할퀴는 대화만 이어졌다고 한다.

이혼 절차는 생각보다 간단했단다. 대출받은 돈을 중도 상환하고 이사를 하는 등 번거로운 일이 없지야 않았지만 그래도 속이 시원하다고 했다.

한 술 더 떠 왜 진작 엄마의 말을 듣지 않았는지 후회가 된다고도 했다. 부모 말을 듣는 게 정답이라며, 자식을 위하는 부모만큼 순수한 마음이 어디 있겠냐는 이상한 말을 해대는데 수현 씨는 듣고 있기가 불편했다. 떠난 아내에 대한 원망이 여자에 대한 불신을 키운 건가 싶어 딱하게 바라보려고 해도 자꾸 엄마 어쩌구 하는 발언은 듣기 거북했다.

"근데 그 분이 뭐가 좋아서 결혼하셨던 거예요?" 수현씨의 난데없는 질문에 그는 방어할 틈이 없었을 터였다. 그의 답변이 참 가관이었다. 착하고 순해서 우리 엄마한테 잘할 거라는 생각이 들었단다.

"아! 그러면 엄마를 위한 선택이었네요." 수현씨의 뼈 있는 한마디에 술자리엔 묘한 긴장감이 돌았다. 남자친구는 늦었다며 수현씨를 끌고 나왔고 둘을 뺀 술자리는 다시 위로의 자리로 무르익어갔다.

"엄마 친구 딸이 결혼했대." 남 일로 다투기는 싫지만 다툴 타이밍인 걸 감지했던지 수현씨는 불편한 이야기를 꺼냈다. 본인도 어떤 감정인지 알 수 없는 결혼에 대해, 엄마에 대해, 애인을 향한 불신에 대해서. 남자친구는 피곤하다며 나중에 이야기하자고 했다.

결국 수현씨의 화가 터졌다. 너도 엄마 편하게 해주는 여자 만나면 결혼할 거냐며 맘에도 없는 말을 해버렸다. 밤바람이 찼던지 빨리 집에 들어가 쉬고 싶었던지, 수현씨를 꼭 안은 그가 말했다. "아니, 난 내 맘 편하게 해주는 너랑 결혼할래, 결혼이란 걸 해야 한다면."

'그렇지. 내 마음도 지금 방황하고 있는 거였지. 당연히 이 사람도 그럴 수 있지. 그렇다면 엄마의 마음도 방황하고 있는 걸 거야. 나를 위한 선택이 이 모든 방황하는 사람들을 위한 선택일 거잖아.' 수현씨는 다른 사람의 마음이 아닌, 내 마음을 잘 살피면 된다는 걸 다시 한번 마음에 새겼다. 이 사람이 나의 기쁨을 기꺼이 나누어줄 사람인가. 있는 그대로 수용하며, 함께 성장할 수 있는 사람인가. 애정을 나누며 행복을 더해갈 수 있는 그런 나의 짝인가. 내 마음은 어디를 향해 있는가.

한 어른으로, 한 인격체로

결혼은 독립

결혼을 하지 않기로 결심하든 미루든 간에 비혼이 많아지고 있는 시대라는 건 그만큼 결혼이 삶의 중대한 결정이라는 뜻이다. 그래서 더 신중해지고 더 의견이 많아지지만 정답은 없으니 스스로 선택하고 책임져야 할 개인적인 문제 역시 결혼이다. 그러니 결혼을 하라 말라 할 수 없다. 또 이렇게 하는 게 좋다, 저렇게 하는 게 좋다고 충고를 내리기도 조심스럽다.

그럼에도 불구하고 결혼에 관한 선택이 모두에게 중요하다면, 그건 바로 결혼이 '독립과 의존'이란 중대 과제의 결정판이기 때문 아닐까. 누군가의 딸, 아들 역할에서 벗어나 새로운 가정을 꾸리게 된다는 것은 혼자 살며 독립하는 것과는 또 다른 의미를 지닌다. 물론 꼭 결혼을 하지 않더라도 상관없다. 새로운 공동체를 꾸리고 살아가는 경우도 있다. 맘에 맞는 친구와 함께 사는 것도, 법적인 부부는 아니지만 함께 사는 연인들도.

이때 중요한 것은 무엇일까? 아마도 잘 독립하는 것일 거다.

한 어른으로, 한 인격체로 이 험난한 세상을 버텨낼 수 있다는
자신감을 키우는 일. 그 믿음을 함께 공유하는 관계가 바로 부
부이고 동거인이다. 서로에 대한 믿음으로 때론 다른 의견들-
부모와 형제자매, 친구들-에 맞설 수 있어야 한다. 최소한 새
로운 가정에 대한 주인이 두 사람임을 자각하고 서로 간 대화와
합의가 모든 결정의 기초가 되어야 한다는 데 동의해야 한다.

부모는 내 삶을
책임질 수 없다

한 여성은 새로운 짝을 만날 때마다 엄마의 의견을 들어야 마
음이 편했다. 처음부터 엄마가 아니라면 단번에 끊어버렸다.
반대로 마음이 잘 움직이지 않아도 엄마가 좋아하면 호감을 가
지려 애썼다. 말 그대로 애를 썼고, 그러면 좋아졌다.

관계는 상호적이라 내가 좋아하는 마음을 표현하면 상대는
더 다가오고, 그러면 또 고마운 마음으로 애정이 생기는 법이
다. 여자도 이 긍정적인 순환의 고리를 타고 결혼에 이르렀다.

그런데 문제는 결혼 후 부쩍 우울해질 때가 많다는 것이었
다. 남편이 된 남자는 당연하게 아내의 역할을 요구했다. 다른
집은 보통 다 여자가 밥하고 설거지도 한다는데 내가 무슨 식모
가 된 것 같다며 심한 말도 했다. 아이를 낳고 나서는 집안 일이

더 쌓였고, 지친 여자는 애를 쓰려는 마음이 더 이상 생기지 않았다.

부부라는 공동체를 이루고 살면서 각자의 역할에 충실해야 한다는 건 알겠지만 왜 그런지 기꺼운 마음이 잘 들지 않았다. 남편의 불만도 이해가 됐지만, 불만을 이야기하는 그 순간부터 여자는 매우 예민해져 그를 외면하고만 싶었다.

그녀의 마음 한 켠에는 '내가 원한 게 아니야'란 생각과 항상 그녀를 지배했던 강한 어머니에 대한 원망이 쌓였다. 여전히 그녀의 생각을 사로잡는 엄마의 존재가 두렵기도 했다.

따지고 보면 그는 참 괜찮은 남편이었다. 가족을 사랑하며 상대방을 위해 기꺼이 희생할 줄 아는 따뜻한 사람이었다. 외모는 딱히 그녀에게 매력적이진 않았지만 다른 사람에게는 충분히 어필할 만한, 단정하고 바른 사람이기도 했다.

어쩌면 그녀는 그를 있는 그대로 볼 수 없었는지도 모른다. '어머니의 선택'이 곧 '나의 선택은 아닌 사람'으로 해석되었다. 그러나 이제 와서 엄마에게 책임을 물을 수는 없다. 엄마가 이 사람과 대신 살아줄 수도 없는 노릇이다. 이 남자의 불평에 맞서 엄마가 대신 싸워줄 수도 없다. 여자는 처음부터 다시 시작해야 한다. 엄마의 선택을 빼고 나를 사랑해서 나와 결혼까지 한 이 남자를 다시 만나 사랑해야 한다.

내가 책임져야 할
삶의 무게를 짊어진다

결국 삶은 내가 책임져야 할 내 몫이다. 그리고 엄마의 선택에 따른 것 역시 나의 선택이었으니 누구의 책임을 물을 수도 없다. 그렇다고 후회를 억지로 누르며 자학하듯 살 수는 없다. 그저 잠시 멈춰 현재의 내 삶을 바라보는 것부터 시작해보자.

어디서부터 무엇이 잘못되었는가. 생각해보면 모든 삶이 내 뜻대로 될 리 없다. 때론 운명을 믿는 것이 우울감에서 빠져나오는 방법이 되기도 한다. 내 의지로 되지 않는 일이 이 세상엔 너무 많고 그게 삶의 무게라는 것이니까. 그러니까 누구의 탓으로 돌리는 것은 무의미하다.

그래도 자꾸 과거를 돌아보며 부모 탓을 하게 된다면 같은 내용을 미래 시제로 바꿔보자. '난 왜 엄마 말을 그대로 따랐을까?'가 아니라, '난 엄마 말을 그대로 따르지 않을 거야'라고 말해보는 거다. 부모님은 본인의 선호를 말할 수 있지만 그건 그들의 입장에서 최선을 말하는 것일 뿐이다. 그 누구도 삶에 대한 정답을 말해줄 수 없다. 아무리 현명한 부모라도 내 삶을 꿰뚫고 가장 좋은 결정을 해줄 수는 없다. 그리고 내가 한 결정이라야 변화시키기도 쉽다.

수현씨는 엄마의 반응에 날을 세울 필요가 없다. 그건 엄마의 마음이지 내 마음은 아니기 때문이다. 그저 그렇구나 받아주고 내 마음을 표현하면 된다.

영화 〈맨체스터 바이 더 씨 Manchester by the Sea, 2016〉는 삶의 무게를 짊어진다는 것이 어떤 의미인지를 보여준다. 주인공 리(케이시 애플렉 분)는 보스턴에서 아파트 관리인으로 근근이 살던 중 형의 갑작스러운 부고를 접한다. 그것을 계기로 아픈 과거를 돌이키는 과정 속에서, 또 형의 부탁으로 조카의 후견인이 되어 현재를 살아내며 리는 분명 힘겹다. 술에 취해 누군가를 때리기도 하고, 아버지를 잃은 조카에게 심한 말을 하며 다그치기도 한다. 그럼에도 불구하고 그는 피하거나 멈추지 않는다.

자식을 잃고 아내마저 떠난 상황에 거리를 두며 죽은 채로 살았던 그에게 또 다른 삶이 주어진 것처럼 힘을 낸다. 장례식을 무사히 치르고, 전처의 위로는 감당할 수 있을 만큼만 받고 그 이상은 거절한다. 자신의 상태를 알고 무리하지 않으며 뚜벅뚜벅 앞으로 조금씩 나아가는 리는 그 어떤 사람보다 좋은 후견인의 역할을 할 수 있을 것이다. 고통이 지나간 자리에 또 다른 희망을 안고 살아가는 그가, 힘 있고 진솔한 어른이 된 그의 모습이 감동적이다.

우리의 삶은 만만치 않다. 결혼도 마찬가지이고, 혼자 살기로 결정하는 것도 마찬가지다. 이때 각자의 삶을 책임지라는 건 아무에게도 의지하지 말고 외롭게 살아가라는 뜻이 아니다. 도움이 필요할 때 도움을 청하는 것도 힘 있는 행동이니까. 다만 누군가를 탓하며 내 삶을 허비하지는 말자는 거다. 특히 결혼은 새로운 가족 안에서 과거의 갈등을 반복할 수 있기 때문에 불행의 탓을 부모에게 돌리기도 참 좋다.

그러니 더 조심하고 거리를 두자. 때론 부모의 말을 거스르게 되더라도 순간의 갈등에 위축되지 말자. 우리는 모두 완벽하지 않고, 우리의 부모도 마찬가지다.

각자가 선택한 혹은 주어진 시련들과 더불어 괜찮은 어른이 되는 과정, 그것이 우리에게 주어진 삶의 전부가 아닐까? 우리의 부모들이 그랬던 것처럼 말이다.

언니의 솔루션

1. 부모님은 내 삶을 책임져주는 사람이 아니다.
2. 과거를 돌아보며 부모 탓을 하게 된다면 같은 내용을 미래 시제로 바꿔보자.
3. 어떤 선택을 했어도 만만치 않았을 것이다. 우리는 최선을 다할 뿐이다.

지긋지긋한
싸움의 반복

> 우리는 때로 싸움 그 자체 때문에 서로에게 상처를 남긴다.
> 싸우지 않았다면 절대 하지 않을 이야기를 해버리고,
> 그 말이 가슴에 남아 지워지지 않는다.

새로운 TF팀에 들어가게 된 어느 월요일, 수현씨는 머리가 뜨거워지는 것을 느꼈다. 누가 해도 답이 없는 과제를 수현씨에게 맡긴 부장의 심보가 궁금했다. 점심도 거르고 회사 주변을 무작정 걷고 있는데 전화가 왔다. 오랜만에 전화하는 사촌언니다. 평일 낮에 전화를 한 것이 왠지 불길했지만 궁금한 마음이 생기니 뜨거웠던 머리에 신선한 바람이 스쳤다.

"수현아, 나 며칠만 신세져도 될까? 현관 비밀번호 좀 알려줘." 평소에 뭘 부탁하는 일이 없는 사람인데, 이게 무슨 상황인지 얼떨떨했다. 오늘 안에 꼭 무슨 일인지 알려준다는 약속을

받고 비번을 공개했다. "고마워 수현아, 그리고 무슨 일이 있어도 밥은 꼭 먹어라!" 이렇게 전화를 끊는데, 이 언니는 어떻게 내 사정을 알았나 싶어 홀린 듯 식당으로 향했다.

뜨끈한 국밥을 한 그릇 뚝딱 비우고 나니 왠지 좀 너그러워지는 것 같다. '시키는 거니까 일단 하면 되지, 못해도 내 책임은 아니니까!' TF에 잘생긴 김과장님도 있으니까 밥이나 자주 얻어먹어야겠다고 마음을 먹고 사무실로 들어가 단정하게 앉았다. 나름 힘을 내 살 궁리를 하고 있다고 생각하니 자신감이 생겼다. 일단 오늘을 잘 마치고 언니의 이야기를 듣고 싶었다.

사촌언니는 집에 없었다. 저녁에 문을 여는 주점은 11시까지니까 마치고 돌아오면 자정이 넘을 거다. 그래도 수현씨는 기다리기로 했다. 이대로 걱정거리를 안은 채 출근을 할 수는 없으니까.

기대와 다르게 11시가 안 된 시각에 언니가 들어왔다. 한 손엔 까만 봉지가 다른 한 손엔 와인 병이 들려 있었다. 저 까만 봉지가 족발이면 좋겠다고 생각했다. 수현씨는 족발과 와인의 조합을 사랑했다.

"미안, 오늘 족발 메뉴는 싹 다 팔렸어. 근데 집 앞에 곱창 볶음 팔더라?" 뭐지? 독심술을 배웠나. 돌이켜 생각해보면 언니는 늘 그랬다. 남자친구를 처음 만나고 언니 주점을 찾아간 날도 그랬고, 엄마와 다투고 전화했을 때도 그랬고, 오늘 낮에 전화할 때도 그랬고. 엄마가 이모와 연결되어 있는 것처럼 나도 사촌언니와 그렇고 그런 사이인가? 아니, 그보다 언니의 성향이 워낙 눈치가 빠르고 섬세했다.

그런 섬세한 언니가 혼자 산다고 했을 때 수현씨는 좀 아쉬웠다. 누구보다 결혼해서 잘 살 것 같은데 왜 굳이 외로운 독신을 택하는 걸까 싶었다. 그런데 혼자 장사를 시작한 지 1년 만에 한 남자를 만나 사랑에 빠졌고, 사귄 지 1년도 안 되어서 결혼을 해버렸다. 아, 역시 예측불허! 남의 마음은 마구 알아차려버리면서 본인은 빛의 속도로 변하는 것이 불공평한 것 같았다.

와인을 따르면서 언니는 정식으로 사과했다. 갑자기 들이닥친 것도, 금요일도 아닌 월요일에 이런 상황을 만든 것도 미안하다고 했다. 정해진 순서처럼 "넌 요즘 어때?"란 질문이 이어졌고 수현씨는 오늘 회사에서의 일을 줄줄이 보고했다.

그리고 와인이 반 병쯤 비워졌을 때, 한없이 너그러워진 그녀는 언니의 이야기를 해보라고 말했다. 형부와 무슨 일이 있었냐고 거침없는 질문까지 하면서 말이다. 술기운과 함께 차분해진 언니는 이야기를 시작했다.

"싸우는 데 지쳤어. 떨어져 있는 시간이 필요할 것 같아." 격하게 싸우고 집을 뛰쳐나온 것은 아니었다. 오랜 시간 심사숙고

한 끝에 집을 나오기로 결정했다니 상황은 진지했고, 더 단단해질지 아니면 완전히 끝나버릴지의 기로에 서있었다. 원래는 오피스텔에 머물 계획이었는데 계약이 갑자기 틀어져서 일주일간 오갈 데가 없어진 상황이었다. 고집스럽게 별거를 주장했던 터라 일주일 늦어진다 말하기엔 자존심이 상했다고 했다.

수현씨는 언니의 말이 잘 이해가 되지 않았다. 무슨 큰 사건도 없이 그냥 싸우는 데 지쳤다? 말문이 막힌 그녀에게 언니가 덧붙여 말한다. "문제는 늘 같은 문제로 싸운다는 거야. 그것도 아주 치열하게."

결혼 전 형부는 하고 싶은 것도 많고, 대범한 사람이었다. 언니는 그런 형부의 자유분방함에 끌렸고, 같이 살면 더 자유롭게 각자의 관심사를 키울 수 있을 거라고 기대했다. 그런데 그게 너무 이상적인 바람이었던 것 같다고 했다.

길게 말하진 않았지만 수현씨도 어느 정도 감이 왔다. 연애 초반 불타오르는 관계에서 결혼한 사이라 서로 제대로 알 시간이 필요했을까? 이렇게 싸우면서 더 가까워질 수도 있지 않을까? 다만 지금의 언니가 좀 무기력해진 것 같아서 안타까웠다. 혹시 애초에 혼자 살기를 원했던 언니는 갈등이 두려워 피하고 싶었던 걸까?

모르겠다. 언니의 문제는 언니가 해결할 테니까! 나머지 와인은 즐겁게 마시자며 잔을 부딪쳤다. 오늘따라 곱창볶음이 맛있었다. 아니, 곱창볶음은 이 동네에서 처음 먹어보는 것이 아닌가! 근데 왜 나는 이걸 여러 번 먹어봤다고 생각한 거지? 그러고 보니 퇴근할 때 늘 지나가는 그 길목에 곱창볶음 트럭이 서 있었다. 자주 보니까 마치 내가 먹어봤던 것인 양, 그 맛을 잘 알고 있던 것처럼 착각했나보다. 또다시 수현씨는 곰곰 생각에 잠겼다.

갈등은 서로를 알아가는 과정이다

불타는 로맨스의 단계가 지나면 자연스럽게 갈등 단계가 찾아온다. 결국 서로 의견이 달라 대화를 시작하고 그게 싸움이 된다. 취향이 달라 엇갈리고 다툼이 생긴다. 기대하는 바가 달라 속이 상하고 그게 갈등을 키우는 식이다.

그러니 관계가 안정되고 서로를 더 알기 위해서 갈등은 필수적이다. 모르는 사람을 어떻게 계속 사랑할 수 있겠는가.

그럼에도 불구하고 싸우는 건 힘겹다. 우리는 때로 싸움 그 자체 때문에 서로에게 상처를 남긴다. 싸우지 않았다면 절대 하지 않을 이야기를 해버리고, 그 말이 가슴에 남아 지워지지 않는다. 그래서 되돌리고 싶고 또 그래서 이별을 결심하게 된다.

서로가 할퀸 자국을 바라보며 살아갈 자신이 없으니 말이다.

그래서 잘 싸우는 것이 중요하다. 비난하거나 인신공격은 하지 말 것이며 악담은 그냥 마음속으로만, 혹은 절친한 친구에게만 할 것을 다짐하면서 말이다.

그래도 우리는 늘 실수를 한다. 상처를 남기고 잠 못 이루는 밤을 지새워야 하고, 그래서 또 화가 나는 일의 반복이다.

그렇다면 싸우지 않는 게 더 좋지 않을까? 그렇지 않다. 의문을 갖지 않고 그러려니 넘어가는 건 어쩌면 이기적인 것이다. 사람은 하나하나 다른데 독심술이 있는 게 아닌 한 묻지 않고는 알 수 없다. 더구나 '갈등'은 그만큼 관계에 생명력이 있다는 뜻이기도 하다. 부정적인 감정도 에너지니까. 에너지가 없는 관계는 그만큼 쉽게 멀어진다.

'잘 싸우는 것'에 방해가 되는 것들, 독심술과 자존심

수현씨의 사촌언니는 갈등을 견디기에 취약한 2가지 성향을 갖고 있다. 그 중 하나는 상대의 마음을 너무 잘 알아차린다는 것이다.

아니, 센스 있게 마음을 알아주는 것이 왜 독이 된다는 것일까? 당장 수현씨와의 관계에서만 봐도 사촌언니는 얼마나 귀한 질문을 꺼내고 또 얼마나 큰 위로를 주었는가. 그렇다. 시간을 오래 들이지 않고도 눈치껏 상대를 배려하는 그녀는 아주 멋진 상담자의 역할을 할 수 있다.

그러나 어느 누구도, 점쟁이도 상담자도 상대의 마음을 완전히 꿰뚫을 수는 없다. 오히려 그렇다고 생각하는 것이 관계를 해친다.

내가 네 마음을 다 안다는 전제로 시작된 싸움은 이미 답이 정해져 있어 그것을 거스르는 방향으로 상황이 흐를 때 불필요한 고집과 분노가 생길 수 있다. 지금 상대방이 잘못한 것도 화가 나는데, 내 마음은 그게 아니었다고 말하는 상대방의 거짓말에 더 화가 나는 상황이 되는 것이다. 이땐 누구의 말이 옳다고 해야 하는가.

그러니까 독심술은 '판단이 빠르다'는 말이 될 수 있지만 섣불리 판단을 해버린다는 뜻도 된다. 그런 상태로 시작된 대화는 출구 없이 막혀버리기 쉽다.

그리고 우리의 판단이 얼마나 비이성적인지 돌이켜 볼 필요가 있다. 매일 퇴근길에 곱창 트럭 앞을 지나친 수현씨는 한 번도 안 먹어본 곱창볶음의 맛을 안다고 생각했다. 그냥 눈으로 보고 가끔 냄새를 맡아본 것일 뿐인데 한 번도 아닌 여러 번 먹어봤다는 착각을 하게 된 거다. 당연히 자주 봤다고 먹어보지 않은 음식의 맛을 알 수는 없다. 너에게 깊이 빠졌다고 너를 너보다 더 잘 알고 있다는 것은 아니다.

두 번째로 사촌언니의 취약점은 자존심을 세우려 한다는 것이다. 자존감과 구분되는 자존심의 개념은 '타인에게 존중받고 싶은 마음'을 뜻한다. 그러니 자존감이 낮아질 때, 즉 내 스스로도 나를 존중하기 어려울 때 자존심을 더 세우려 애쓰게 된다. 남까지 나를 업신여기면 너무 비참해지기 때문이고, 그게 아닌데도 그렇게 느낄 만큼 나 자신이 약해진 상태이기 때문이다.

갈등은 함께해야 해결할 수 있다. 그럼에도 불구하고 자리를 피하기로 결심한 언니는 갈등에 취약한 사람일 수 있다. 고집스럽게 별거를 선언했지만 계획이 틀어졌고, 그럼에도 다시 아쉬운 소리를 할 수는 없었다. 그 이유는 자존심이 상하기 때문이다. 상대가 하는 싫은 소리를 견딜 자신이 없었기 때문이다. 그럴 바에야 '차라리 혼자인 게 낫다'는 그녀의 생각이 애초에 독신을 선언한 주된 이유였는지도 모르겠다.

상대를 믿으려 애쓰기 이전에 나 자신을 믿는 것이 중요한 것처럼, 상대에게 존중받으려 애쓰기 이전에 나 자신을 존중하는 것이 중요하다.

갈등을 잘 해결하려면, 잘 싸우려면 일단 힘을 가져야 한다. 여기서 힘은 상대를 때려눕히는 힘이 아니다. 나를 잘 표현할 수 있고, 나아가 상대의 말을 잘 듣도록 자기감정을 붙잡는 힘이다. 결국 몸도, 마음도 건강해야 사랑도 잘할 수 있다.

그래도 너무 많이 싸워야 한다면
그땐 그만두자

그럼에도 불구하고 너무 자주 싸우게 된다면 그만두는 게 나을 수도 있다. 자주 싸운다는 건 그만큼 서로 자주 팽팽해진다는 뜻이고, 그만큼 서로를 여유롭게 바라보기 어렵다는 거다.

갈등이 서로를 알아가는 열쇠라면 반대로 자주 갈등이 생기는 만큼 서로를 잘 모르는 것일 수 있다. 알아갈수록 싸움은 점점 잦아드는 것이 자연스러운 결과인데 끝없이 반복적인 싸움을 계속해야 한다면? 달라도 너무 달라서 서로에게 피곤한 관계인지도 모른다. 갈등이 반복되어도 서로를 이해하는 폭이 좀처럼 넓어지지 않는다면 더 좋지 않다.

신기하게도 서로 다른 것에 끌린 두 사람은 서로 같은 점을 찾으며 사랑에 빠진다. 처음엔 너무 달라서 대리만족도 되고 닮고도 싶어 다가가지만, 그 차이를 그대로 안고 살아가야 한다면 편하게 함께하기는 어려울 것이다.

열렬히 사랑하는 시기엔 설레는 감정이라 치지만, 설렘을 평생 안고 가는 건 그냥 불안을 안고 사는 것과 다를 바 없다. 그냥 편하게, 노력하지 않은 내 모습 그대로 서로 질문 없이 늘어지고 싶은 때가 왜 없겠는가.

우리는 흔히 '코드가 잘 맞는다'는 말을 쓴다. 척하면 척, 한 몸같이 서로 통하는 관계라면 사는 게 참 편할 것 같다. 그러나 결코 독심술을 쓰라는 건 아니다. 아무리 비슷해도 완전히 똑같은 사람이 아니라는 걸 기억하자. 그리고 완전히 똑같은 사람이라면 무슨 재미로 함께 살겠는가.

한편 '오래 살면 닮아간다'는 말도 있다. 너무 달랐던 두 사람이 잘 싸우고 또 서로 잘 배려한다면 닮은 사람 둘이 사는 것처럼 편안한 관계가 될 수도 있다는 것 아닐까? 사랑은 역시 정답이 없고 그래서 해볼만 한 것인지도 모르겠다.

언니의 솔루션

1. 상대의 마음을 '알지 못한다'는 생각으로 대화를 시작하라.
2. 자존심을 세우려 애쓴다면, 자존감이 흔들리고 있는 건 아닌지 돌아보자.
3. 같은 싸움이 자주 반복된다면 헤어지는 걸 고려해보자.

상실을 애도하는 4단계를 '부인, 분노, 우울, 수용'이라고 한다. 사랑한 사람과 이별한 후에도 비슷한 과정을 거친다. 그가 떠난 현실을 인정할 수 없어 멍한 시기를 지나 충분히 화를 내고 나면 우울해진다. 화를 낼 상대가 이미 없기 때문에 그 화살이 나 자신에게 돌아오는 것이다. 그리고 결국 받아들이게 된다. 그가 없는 삶을 살아가는 나의 현실을 말이다.

4장에서는 영화로 수현씨의 이별을 애도한다. 영화 속 장면들을 따라가다 보면 슬픔을 충분히 느끼고 표현하는 과정이 결코 나쁘지만은 않다는 것을 깨닫게 된다. 아니, 그 자체로 참 아름답다는 것을 발견하게 될 것이다.

죽을 만큼
아프다면?

영화로 이별을 애도하다

그가 떠났다,
그러나 떠나보내지 못했다

비포 선셋Before Sunset, 2004

영화와는 다르게 현실은 그냥 식어버린 사랑을 직면해야 하는 것일 뿐이다.
그래서 어쩌면 우리는 인정할 수가 없다.
그토록 사랑했던 그가 떠났다는 것을 말이다.

"괜찮아, 내가 할게." 3개월쯤 된 것 같다. 수현씨가 괜찮다
는 말을 입에 달고 산 것이 말이다. 과장으로 승진한 후 수현씨
의 책임은 눈덩이처럼 쌓여갔다. 굴러가는 커다란 눈덩이는 속
도만 붙인 채 멈출 생각을 하지 않았다.

"죄송합니다, 제 잘못이에요." 후배나 동료에게 '괜찮다'고
말하는 동시에 윗사람에게 머리를 숙이는 날도 많아졌다. 어느
날엔 버튼이라도 누른 양 '내 탓이오'가 절로 나왔다. 그녀는 괜
찮고 또 미안했다. 모든 게 내 탓이므로 내가 다 책임지겠다고
했다. 곁에서 지켜보는 사람들은 불안해졌다. 잘 웃고 대화도

잘 이끌어가던 수현씨가 변한 것이다.

밤을 새워 준비한 발표를 하던 날, 그녀는 결국 무너졌다. 이번엔 반드시 수현씨의 손을 들어줄 것처럼 말했던 고객사가 등을 돌린 것이다. 그저 형식적인 PT일 뿐이라고 했지만 그 어느 때보다 노력을 기울인 일이었다. 결과적으로 형식적인 발표인 게 맞긴 했다. 이미 경쟁사에 넘어간 일이었다.

다음날 수현씨는 출근하지 못했다. 하루 연차를 쓰겠다고, 그것도 후배에게 부탁해 부장에게 알렸다. 더 이상은 힘을 낼 수가 없었다. 괜찮았는데, 정말 이 일만 아니면 다 괜찮았는데….

이불 속에 누워 멍하니 천장을 바라보는데 눈물이 흘렀다. 모든 게 또 내 탓인 것 같았다. 왜 나는 하는 일마다 이 모양인지 부정적인 생각이 꼬리에 꼬리를 물고 이어졌다. 동시에 마음 한 켠에선 '괜찮아'를 외쳤다. '이러면 안 되지. 난 정말 괜찮다고!' 이불 속에서 빠져나온 그녀는 습관적으로 커피콩을 갈기 시작했다.

'Nostalgia' 단골카페에서 정기배송으로 받은 원두였다. 반짝반짝 빛나는 로얄 블루 포장지 앞면에 블렌딩 원두 이름이 붙어 있다. 향수, 그리움의 커피라니. 기운 없이 버겁게 갈리는 소리와는 다르게 향이 참 부드럽다. 물을 끓이고 잔을 고른다. 화려한 꽃무늬 머그잔은 취직 기념으로 그가 준 선물이었다. 그녀의 취향과 다르게 너무 알록달록하다고 했지만 가만히 보고 있으면 마음이 차분해졌다. "너랑 닮아서 샀어." 언제나 그는 사소한 말로 그녀를 감동시켰다.

딱 3개월이 지났다. 어떻게 시간이 갔는지도 모르게. 어쩌면 그래서 일에 더 매달렸던 건지도 모른다. 서서히 진행된 일이라 사실 큰 충격도 아니었다. 열렬히 좋아할 때 뻥 차인 것도 아니었고, 이미 수현씨의 마음도 호수처럼 잔잔했다.

그랬었다. 그와 있으면 그저 잔잔한 호수처럼 평온했다. 그래서 때로는 파도치는 바다가 그리웠다. 깊이를 알 수 없는 망망대해를 그리며 몰래 출렁이는 마음을 달랜 적도 있었다.

떠나는 날마저 그는 더 이상 잔잔할 수 없었다. 수현씨도 그의 사정을 이해했고 그렇게 잘 "안녕!" 했다. 그는 결혼할 마음이 없었다. 공부를 더 하고 싶다고 했다. 그렇지만 비겁하게 공부 핑계를 오래 대지는 않았다. 미안하다고 자주 말했다. 그 이면의 말들을 그녀는 너무 잘 알 것 같았다. 더 이상 설레지 않는 관계를 이어갈 수 없다고. 우리가 결혼한 사이도 아닌데 이쯤해서 그만두자고. 자유롭게 또 다른 세계로 나아가고 싶다고.

더 이상 묻지 않았고 그런대로 괜찮았다. 혹시 아직 인정하지 못한 걸까? 커피를 마시며 문득 그런 생각이 들었다. 조만간 현실을 직시하게 되는 날이 올 것이다. 이웃이 끊겨버린 블로그에

어렵게 접속하는 날이 반복되면, 휴대폰 요금 명세서에 찍힌 일반 요금제를 확인하게 되면, 오늘같이 갑작스런 연차를 쓰게 된 날 전화할 사람이 없다는 걸 깨닫게 되면 말이다. 수현씨 앞에 그 지독한 현실이 펼쳐지고 있었다.

사촌언니는 남편과 다시 잘 살아보기로 결심했고, 별거 중 놓고 간 DVD는 수현씨의 책꽂이 맨 위에 꽂혀 있었다. 오늘 같은 날 보라고 주고 간 걸까. 쓸쓸한 기분을 다독일 무언가가 필요했다. 파리를 배경으로 잔잔히 흐르는 기타 소리에 기분이 좀 나아지는 것 같다.

만남은 우연,
이별은 선택?

〈비포 선셋〉은 운명적인 사랑 영화 〈비포 선라이즈Before Sunrise, 1995〉의 후속편이다. 이전 작품에도 등장했던 같은 배우들은 시간이 지난 만큼 늙었다. 그래서인지 더 현실감 있게 다가온다. 허구인데 현실 같고 또 나의 이야기 같기도 하다.

아름다운 유럽의 풍경들 사이로 설레는 데이트를 그리는 전작과는 다르다. 두 주인공은 끊임없이 대화를 나눈다. 그저 그런 대화를 평범하게 이어가는데 눈을 뗄 수가 없다. 이번엔 하룻밤도 아니고 단 두 시간의 만남인데도 감정은 격하게 흐른다. 잔

제시와 셀린느는 다시 만났다.

잔한 호수 아래 빠르게 소용돌이치는 물살이 보이는 것만 같다.

제시(에단 호크 분)는 작가가 되었다. 〈비포 선라이즈〉의 이야기를 책으로 펴낸 그는 프랑스에서 인터뷰를 할 만큼 성공했다. 한편 셀린느(줄리 델피 분)는 그를 보러 동네 서점을 찾는다. 다음 작품에 대한 질문에 그녀를 떠올리던 그는 바로 그 셀린느와 꿈처럼 마주친다. 제시의 눈에 설렘과 욕망이 가득하다.

이 대목에서 잠시, 수현씨의 가슴이 떨린다. 낯설지 않은 표정이다. 영화가 멈췄다면 이내 슬퍼졌을 마음이 아름다운 여주인공에게 몰입하며 담담해졌다.

제시와 셀린느는 그렇게 다시 만난다. 정의로운 여전사가 된 여자는 남자에게, 약속했던 장소에 나타났었는지 먼저 확인한다. 가지 못한 자신을 기다린 그를 위로하거나 나오지 않은 그를 원망하거나. 둘 중 하나를 결정해야 이후의 태도를 정할 수 있는 것처럼 말이다. 잠시 망설이던 남자는 "가지 않았다"고 말한다. 이렇게 서로의 거짓말 대잔치가 시작된다. 결국엔 진실이 밝혀지지만 일단 숨기고 보는 그들은 조심스러워졌다.

그럼에도 불구하고 대화 속에서 서로는 조금씩 거리를 좁혀간다. 지금 이 순간 다시 사랑할 수 있다면! 셀린느는 제시의 비행기 시간을 걱정하며 깊은 대화를 피하려 하지만 제시는 "이제야 책을 쓴 이유를 알 것 같다"며 점점 더 질척거린다. 못이기는 척 그를 받아들이는 그녀 역시 행복해 보인다.

조심스럽고 또 과감하게 양극단을 오가며 두 사람은 만남과 이별 사이를 재고 있다. 우연히 만나 열렬히 사랑했지만 선택의 기로에선 냉정해진다. 현실 속에서 무엇을 내려놓고 무엇을 얻을 것인지 따져보지 않을 수 없다.

부인denial,
나와 다른 것을 선택한 그를 인정할 수 없다

제시는 결혼을 했고 아이가 있다. 셀린느는 사진기자인 애인이 있다. 그러니까 얼마나 서로 그리워했던 간에 그들은 헤어졌다. 그리고 다른 사랑을 시작했다. 현실은 소설과 다르다. 제시가 아무리 결혼생활의 불행을 이야기한다고 해도 그녀의 위로는 친구 이상의 것이 될 수 없다. 지금 이 순간 아름다운 그녀에게 반했다고 하더라도 그는 집으로 돌아가는 비행기를 타야만 한다. 결국 또다시 홀로 남겨질 셀린느는 헤어질 시간이 다가오자 진실을 외면할 수 없어 폭발하고 만다.

"나를 떠난 남자들은 모두 결혼을 했어. 그리고 내게 나 덕분에 진정한 사랑이 뭔지 깨달았다고 하지. 이제 상처받는 것도 지겨워."

드디어 그녀는 솔직한 마음을 열어보였다. 결혼을 원하는 남자들은 셀린느를 떠났고, 완벽한 여자로 숭배 받던 그녀는 결국 홀로 우뚝 서야 했다. 아름답고 지적인 그녀가 상처받을 리 없다고 생각했을까? 그러나 그녀는 매번 상처 받았고, 그 다음 연애를 시작하는 것이 힘겨웠다. 지나온 사랑을 가슴 아프게 기억했고, 지난 사랑의 흔적들을 모두 끌어안고 살아가는 중이다. 어쩌면 배신감에 아로 새겨진 분노를 정의로운 사회 구현을 통해 녹이는 중인지도 몰랐다.

그 위태로운 순간에 제시의 소설이, 미화된 그들의 사랑이 대중들에게 팔려나가는 상황을 목격했다. 더 불행한 것은 그가 보고 싶다는 것이다.

수현씨는 결국 애인과 헤어졌다. 첫사랑의 풋풋함을 지나 한 번은 이미 끝나본 적도 있는 구제불능 같은 사랑을 했었다. 왠지 모를 불안에 휩싸여 밀당하던 시절도 서로의 수치심을 끌어안고 엉엉 우는 시간도 함께 보낸 그였다.

불안했던 그가 한없이 편해지는 그 시점까지 오랜 시간이 걸렸고 그만큼 그녀는 성장했다. 사랑받는 것만큼이나 사랑을 주는 것이 얼마나 행복한 일인지 경험했다. 남들과 다르다고 생각했던 그녀가 얼마나 평범해질 수 있는지도 확인했다. 초라함을 인정한 만큼 겸손해졌고 사랑받은 만큼 단단해졌다.

그러나 결국 상대는 떠났다. 그것도 그냥 별일 아닌 것처럼. 영화 속 주인공들만큼 극적이진 않았지만 그래도 운명 같은 사랑이라고 믿었다. 그럼에도 불구하고 이별은 너무 평범했다. 영화와는 다르게 수현씨의 현실은 그냥 식어버린 사랑을 직면해야 하는 것일 뿐이다. 지루하고 쪽팔리고. 그래서 어쩌면 그녀는 받아들일 수가 없었다. 그토록 나를 사랑한다고 말했던 그가 이별을 선언한 것이다.

머리로는 그의 말을 다 이해했는데, 그리고 결코 다시 돌아올 것 같지 않은 직감이 발동했는데도 수현씨는 여전히 그와 함께 있었다. 아직은, 아직은 그가 없는 삶을 상상할 수가 없다.

'괜찮지 않아'를 뜻하는
'괜찮아'

'괜찮다'고 마음을 다독이는 수현씨는 이대로 슬퍼하고 무너질 수 없다는 강한 의지를 담고 있는지도 모른다. 그러니까 '괜찮아'는 '괜찮고 싶다'는 의미이고, 더 나아가 '괜찮지 않아'를 반복해서 말하는 것은 사실 도움을 청하는 말이 아닐까?

해결되지 않은 문제와 '일단 괜찮아야 한다'는 강박관념을 끌어안은 그녀는 생각할 시간이 생기면 자책을 했다. '내가 그때 더 잘 했으면 고비를 잘 넘길 수 있었을 텐데' '그날 내가 너무 단호하게 말했던 게 상처가 되었을까?' '잘 꾸미고 만난 지가 너무 오래된 건가?'

셀린느가 제시에게 약속장소에 나가지 못해 미안하다고 반복해서 말했던 것도 이 모든 이별의 책임을 자신이 떠안으며 결혼해서 돌아온 제시에게 면죄부를 주려 했던 것은 아니었을까. 그녀 혹은 그들의 자책은 현실을 부인denial하는 마음에서 시작된다.

어떤 식으로든 이 상황을 이해해야 넘어갈 수 있을 텐데, 내 탓으로 돌리면 상대적으로 내가 다시 되돌릴 수 있다는 희망을 가질 수도 있다. 후회하고 이해시키면 그가 돌아올 수도 있을까? 더 사랑해주고, 뒤늦은 사랑을 마음껏 표현하면 돌아와 다

지나온 사랑에 대한 그녀의 자책은 현실을 부인하는 마음에서 비롯된다.

시 손을 잡아주지 않을까?

어떠한 결말도 없이 싱겁게 끝나버린 영화를 보면서, 수현씨는 또다시 멍해졌다. 일단 생각을 좀 멈추고 싶었다. 마지막 장면에서 셀린느가 춤춘 니나 시몬의 음악이나 들어볼까? 천천히 일어나 DVD를 챙겨 넣고 블루투스 스피커를 켠다. 잔잔한 피아노 소리, 느리지만 리듬감 있는 재즈의 매력이 아픈 수현씨의 가슴에 살짝 손을 얹는다.

좁은 방을 리듬에 맞춰 걸어본다. 그래, 이제 뭔가 다른 선택이 필요하다. 그간 애썼던 회사 일도 결과와 상관없이 일단락되었다. 그와의 오랜 연애도 이제 끝이 났다. 눈감고 보기 싫었던 지금의 현실에 눈을 떠보기로 한다. 용기를 내자. 아주 조금씩. 빠르지 않게 흥을 돋우는 재즈 음악처럼 보폭을 줄인 채 나아가 보기로 한다. 순간 휴대폰 진동이 울린다. 짝꿍의 문자 메시지다.

"사랑하는 선배님, 몸은 좀 어떠신지요. 내일 하루 더 쉬셔도 됩니다. 지구는 제가 지키니까요!" 답장을 쓰는 수현씨의 눈가에 눈물이 고였다. "후배님께 지구를 맡길 수가 없어서 내일 나가렵니다. 고마워 지영씨, 오늘 고생 많았겠다."

블루투스 스피커에서 박수 소리가 나오는 바람에 결국 수현씨는 눈물을 흘리고 말았다. 그는 떠났지만 나를 사랑해주는 사람은 여전히 내 곁에 있다. 그는 다시 볼 수 없지만 나의 역할은 여전히 이 세상에서 쓸모가 있을 것이다.

> **언니의 솔루션**
>
> 1. '괜찮다'고 반복해 말하는 것은 '괜찮고 싶다' '괜찮지 않다'는 마음이다.
> 2. 이별은 아프다. 인정하는 데 시간이 필요하고, 도움이 필요할 수 있다.
> 3. 자책하지 말자. 끝날 것은 어떻게 해도 끝이 난다.

이별했다면
분노를 표현하라

만추 Late Autumn, 2010

애나는 옛 애인에게 소리치며 울부짖는다.
"왜 남의 포크를 쓰고 사과하지 않느냐"고. 그의 입에서 미안하다는 말이 나온다.
그녀는 이제야 흐느껴 운다.

아무리 바빠도 여름 휴가만큼은 꼭 챙겨 그와 함께 가곤 했었
다. 보통은 수현씨가 제일 싼 비행기 표를 알아보고, 그는 일정
에 맞춰 저렴한 숙소를 찾아보는 식이었다. 한 해는 수현씨가
가고 싶은 휴양지로 정하고, 다음 해는 유적지를 좋아하는 그가
장소를 정했다.

마지막 휴가는 경주였던가. 뒤늦게 결정하고 급히 예약한 숙
소는 한옥 게스트하우스. 좁은 방에 이층 침대가 달랑 하나 있
었다. 위층은 수현씨가, 아래층은 그가 누워 각자 책을 보다 잠
이 들었다.

돌이켜 생각해보니 한 번도 그런 숙소에서 둘이 묵은 적은 없었다. 아무리 싸우고 멀어져도 잘 때만큼은 꼭 팔베개를 해주는 그였다. 아무리 미워도 다른 일로 정신없고 불평불만이 쌓여도 여행지에 가서는 말없이 넘기는 수현씨였다.

그냥 그의 몸 어딘가에 손만 갖다 대고 있어도 평온해졌다. 꼭 껴안고 있는 그 순간엔 세상을 다 가진 듯 벅찼다. 어떤 날엔 이대로 모든 게 끝났으면 싶었다. 아마도 경주에서의 무심한 밤에 이별을 예상했던 것 같다.

이번 휴가는 조용히 보내고 싶었다. 그게 서로에 대한 예의인 것 같았다. 잊으려고 일만 하던 3개월이 지나고 시도 때도 없이 눈물 나던 한 달이 지나 이제 좀 괜찮겠지 싶었는데 휴가철이 다가오니 다시 가라앉는다.

이런 수현씨의 마음을 알았는지 엄마가 여행을 제안했다. 엄마 친구 딸 내외가 운영하는 숙소인데 건축을 전공한 그들이 너무 예쁘게 집을 지었다며 구경하러 가잔다. 결국 못 이기는 척 제주도행 비행기표를 샀다.

제주도의 8월은 너무 덥고 끈적했다. 조금만 걸어도 땀이 비 오듯 쏟아졌다. 바닷가엔 사람들이 너무 많았고 쓰레기들은 덤이었다. 숲도 바다도 그저 숙제처럼 찍고 지나갔다.

그나마 숙소는 편안하고 쾌적했다. 세련된 인테리어를 보고 있자니 나중에 내 집이 생기면 이렇게 꾸며볼까 싶기도 했다. 하지만 숙소가 마냥 편하지는 않았다. 무려 20년 가까이 엄마랑 둘이 살았건만 이상하게 여행지에서 단둘이 한 집에 있는 게 어색했다.

숙소에서 추천한 매운탕 집에서 저녁을 먹고 일찍 들어와 쉬었다. 같은 공간에서 서로의 일을 하면서 밤까지 별 말이 없었다. 음악 취향이 비슷한 건 정말 다행이었다. "수현아, 마당에서 차 한 잔 할까?" 고요한 분위기를 깬 건 엄마였다. "엄마는 아빠 없이 어떻게 견뎠어?" 차를 마시며 두 번째 고요를 깬 건 수현씨였다. "시간은 내 편이더라. 그리고 너도 있고. 사는 이유가 생긴 거잖니. 이제 여행 친구도 되니까 좋네."

엄마는 먼저 잠이 들었다. 수현씨는 이 숙소의 자랑거리 중 하나라는 빔 프로젝터를 켜본다. 친구가 챙겨준 외장하드를 연결했더니 영화 파일이 스무 개는 되어 보인다. 무얼 보면 좋을까. 얼마 전 뮤직 비디오를 보다가 뒤늦게 현빈 팬이 되었다는 후배는 현빈이 나온 영화들을 챙겨보는 중이랬다. 어느 날 출근길에 문자가 왔다. "선배, 〈만추〉에 나오는 탕웨이 닮았어요!" 그 영화가 있다.

외로움이 녹아내리며
말문이 트이다

그녀의 죄수번호는 2537번. 어머니의 장례식 참석을 위해 3일 간 휴가를 얻는다. 시애틀로 가는 버스 안에서 그를 만난다. 그 는 그녀에게 거짓말로 돈을 빌려 버스 티켓을 산다. 연신 머리 손질을 하며 그녀에게 다가가지만 그에게 돌아온 단호한 한 마 디는 돈을 돌려줄 필요가 없다는 것. 그녀에겐 그저 피할 수 없 이 버텨야 할 현재만이 존재할 뿐이다.

몸을 팔아 돈을 버는 그에게도 미래가 없기는 마찬가지다. 아 슬아슬한 현재를 즐기기에 연연하거나 마음의 짐을 끌어안고 멈춰있는 두 사람은 다르지만 닮은꼴이다. 남자는 어떻게든 여 자를 자신의 현재로 끌어들이려 한다. 우선 빚진 돈 대신 시계 를 맡긴다. 20불을 내어주고 그녀는 시간을 벌었다. 어쩌면 지 금 이 순간 그녀에게 가장 필요한 것을 말이다.

그럼에도 불구하고 그녀는 순순히 말문을 열지 않는다. 그의 직업을 알아차린 그녀는 마음을 여는 대신 묻는다. 나와 자겠느 냐고. 남자는 묘한 웃음을 지으며 그녀를 모텔 방으로 이끈다. 돈을 주고 사람을 사는 사람은 보통 적극적으로 권력을 행사한 다. 그러나 그녀는 서툴고 힘이 없다. 기다리던 그는 조심스레 역할을 바꿔본다. 결국 그녀는 당황하며 그를 밀친다. 이 상황

사실상 그녀의 탓도, 그의 탓도 아니다.

을 어떻게 넘길 것인가.

"미안하다"는 여자의 말에 남자는 말한다. "내 잘못이에요."
고객을 만족시키지 못한 자신의 탓이라며 사과한다. 당신을 실
망시킨 내 탓이라고. 이때 처음으로 그녀의 마음이 움직인다.
사실상 그녀가 그를 선택한 것이니 그의 탓만은 아니다.

한편 그는 거절하는 그녀에게 자꾸만 다가갔다. 그러니 또
그녀의 탓만은 아니다. 그는 자신의 잘못을 인정하고 사과한
다. "당신의 탓이 아니라 내 잘못입니다."

수현씨는 이제 완전히 영화에 몰입했다. 첫 장면에서 피멍이
든 얼굴로 탕웨이가 나타났을 때부터 무언가 심상치 않을 것이

라 예상했다. 쓰러진 남자 곁에서 종이를 찢어먹는 넋이 나간 그녀의 표정에 슬퍼지기 시작했다. 시애틀에 도착해 만난 가족들이, 그리고 옛 애인처럼 보이는 멀끔한 남자가 그녀를 대하는 태도를 보면서 쓸쓸해졌다. 그런데 만난 지 얼마 안 된 이 남자가 그녀에게 잘못을 빌다니. 그간의 외로움이, 서늘함이 한 남자로 녹아내리는 장면은 감동적이었다.

마음속 깊은 이야기를
그에게 꺼내다

그 남자의 이름은 훈(현빈 분)이다. 훈이 애나(탕웨이 분)의 이름을 알기까지는 많은 시간이 걸렸다. 이제 애나는 훈의 현재에 발을 들여놓았다. 적어도 지금 이 순간만큼은 그가 하자는 대로 맡겨보기로 한다.

훈은 애나에게 만족할 때까지 무엇이든 해주겠노라고 약속한다. 관광버스를 타고 아이처럼 소리를 지르고, 캄캄한 놀이공원에서 범퍼카를 함께 탄다. 애나가 웃었다. 그리고 멈췄다. 부딪치고 흔들리는 작은 차 안에서 그녀의 깊은 감정이 건드려지기 시작했다.

그 순간 불이 켜지고 연극이 시작된다. 놀이공원을 배경으로 연기에 몰입한 두 남녀를 바라보며 훈은 애나에게 한 발 더 다가간다. 아니, 어색한 분위기를 깨고 용감하게 연기를 시작한다. 그녀를 좀더 웃게 할 수 있다는 희망을 안고.

그리고 예상치 못한 일이 벌어진다. 애나가 입을 열어 연기에 참여한 것이다. 여자 역할을 하는 애나는 혼신의 힘을 다해 자기 목소리를 내고 있는 것 같다. 그녀는 연기 속에서 남자를 원망한다. "용서를 바라는 것이 아니라 사랑을 원하는 것"이라고. "나를 이렇게 만든 건 바로 당신"이라며 따져 묻는다.

연극 속에서 그녀는 속마음을 털어놓을 용기가 난 걸까. 이제 그녀 자신의 이야기를 할 차례다. 훈은 애나를 어떻게든 행복하게 해주고 싶다. 마음의 짐을 훌훌 털어내고 오직 이 순간을 즐길 수 있도록 말이다. 그가 아는 유일한 중국어를 반복하며 그녀에게 편한 언어로 말을 떼게 돕는다. 알아듣지 못하는 상대방에게 마음을 털어놓는 건 조금 더 쉽다. 그렇게 애나는 마음을 열고 말을 시작한다.

애나는 한 남자를 죽도록 사랑했다. 그는 떠났고 이후 그녀는 결혼한다. 의심 많고 약한 남편과의 결혼 생활은 힘겨웠다. 그녀와 옛 애인이 달아날 거란 사실을 알게 된 남편은 애나를 때린다. 정신이 나간 그녀는 남편을 살해한다.

그녀는 감옥에 갇힌다. 그리고 아무도 애나 편이 되어주지 않았다. 모든 것이 그녀의 책임이 되었다. '어디서부터 잘못된 걸까?'란 물음에 훈은 "좋아"라고 답한다. 애나는 다시 한번 웃었다.

수현씨는 결혼 생활이 두려웠다. 이쯤 만났으면 결혼이 답이란 생각이 들자 마음이 복잡해졌다. 그렇다고 아무 생각 없이 연애만 할 수도 없었다. 나이가 차고도 미래를 얘기하지 않는 관계는 허망했다.

그래도 그가 내심 붙잡아주길 바랐다. 두렵지만 한번 해보자고 진지하게 우리가 함께 사는 걸 고민해주길 바랐다. 그러나 그는 다른 목표를 향해, 다른 상대를 찾아 돌아서 버렸다.

눈물로 분노를,
슬픔의 덩어리를 녹인다

장례식장에서 애나에게 또 한 번의 기회가 주어진다. 훈은 그야말로 그녀를 치유하기 위해 온 천사인 걸까. 아는 척하는 가족들의 위로도, 뻔뻔한 옛 애인의 다정한 한마디도 애나를 치유하기엔 역부족이었다. 오히려 화만 돋울 뿐이다.

훈은 알아차린다. 시애틀 유령 시장에서 떠올린, 어린 시절 함께 왔던 그 누군가가 바로 여기 있다는 것을 말이다. 그녀에게 상처를 남기고 그녀의 입을 닫아버린 사람이 바로 지금 그의 옆에 앉아 있다.

내 포크를 쓰고 사과도 않는다며 화를 내는 훈.

애나를 걱정하는 척 자신을 경계하는 남자에게 훈은 절대 지고 싶지 않다. 그냥 넘어갈 생각도 없다. 덤벼보라고, 지금부터 웃으면 죽일 거라고 대든다. 애나를 슬픔 속에 가둔 장본인인 주제에 그녀를 웃게 하는 나를 판단하냐고.

둘은 싸우고 애나는 대체 왜 이러냐고 묻는다. 훈은 "내 포크를 쓰고 사과도 않는다"며 화를 낸다. 순간 애나에게 무언가가 떠올랐다. 왜 이 사람 포크를 썼냐고. 왜 사과하지 않느냐고 소리치며 울부짖는다. 그의 입에서 미안하다는 말이 나온다. 짜증스럽게 울던 애나는 이제 흐느껴 운다. 슬픔의 덩어리가 녹아내리는 중이다.

쭈그리고 앉아 울음이 터진 그녀를 바라보며 수현씨도 울었다. 엄마가 깰까봐 조그만 소리로 울기 시작하다 잠깐 영화를 멈추고 밖으로 나간다.

난 누구에게 사과를 받고 싶은 걸까? 사랑을 지키지 못한 나 자신에게? 무심하게 돌아선 남자에게? 그 누구보다 아끼고 사랑한다면서 멀리 가버린 아빠, 이제 기억조차 가물거리는 그 손길을 떠올리며 엉엉 울었다. 어린 시절 아빠가 가끔 보고 싶었지만 아무에게도 말하지 못했다. 오늘은 엄마 몫까지 조금 더 울고 싶다.

가을에 시작되는
새로운 삶이란?

문득 이 영화의 제목이 〈만추〉라는 것을 떠올렸다. 늦가을. 어떤 의미로 붙여진 이름일까? 마지막 장면에서, 애나는 홀로 카페에 앉아 있다. 커피를 마시고 인사를 하는데 혼자인지, 앞에 누가 있는지 알 수 없다. 아마도 혼자일 것이다.

다행히 그녀는 웃는다. 쓸쓸한 늦가을을 배경으로 애나의 수줍은 미소가 번진다. 커피에서 연기가 피어오른다. 아직은 행복하다고 할 수 없지만, 이제 다른 삶이 시작될 거라는 예고편 같아 따뜻했다. 애나는 앞으로 어떤 삶을 살아갈까? 훈과 다시 만날 수 있을까?

엄마는 어떤 꿈을 꾸며 자고 있을까? 아빠는 지금 어디서 누구와 함께일까? 가족이 그리울 때도 있을까? 수현씨는 빔 프로젝터 전원을 끈다. 엄마 몰래 챙겨온 담배를 한 대 피워볼까 하다가 말았다. 어차피 마당에서도 금연이다.

새벽 1시, 이대로는 잠을 잘 수 없을 것 같아서 주방으로 가 남은 와인을 마셨다. 엄마는 언제나 레드 와인을 마셨고, 수현씨는 여름이면 화이트 와인이나 샴페인이 좋았다. 사이좋게 한 병씩 골랐고, 남아 있는 건 시라syrah 품종의 레드 와인이다. 시간이 꽤 지났는데도 호주산 시라 특유의 알싸한 맛이 식도를 타고 묵직하게 흐른다. 와인만 마시기엔 조금 부담이 되는 그런 기분, 다른 무언가가 더 있었으면 싶다.

묵직한 와인을 위한 사이드 메뉴처럼 떠난 이들의 얼굴이 스쳤다. 한 모금 더 마시니 가슴까지 차오르는 것 같다. 술기운 때문인지 탕웨이의 미소 탓인지, 언제 화를 냈었냐는 듯 그들이 그립다. 늘 다정하게 말하고 부드럽게 손을 잡아주던 아빠가, 오랜 세월 동안 한결같던 그가. 또 헤어진 후에도 그녀를 잊지 않고 기다렸던 그의 사랑이 참 고마웠다. 분노가 지나간 자리에 감사의 마음이 들어선다. 이제 더 이상 울지 않고 떠올릴 수 있을 것 같다.

무더위가 지나면 가을이 올 것이다. 가을이 오면 쾌적한 바람이 온종일 설레게 만들어줄 것이다. 반드시 그런 날이 온다. 엄마는 시간이 내 편이라고 했다. 그리고 그들의 편도 되길 진심으로 바랐다. 그들도 나처럼 아플 테니까.

그 아픔을 잘 딛고 일어나 선선한 바람이 부는 곳으로 가볍게 나아가기를. 행복하기를. 또 다른 누군가를 만나 깊이 사랑할 수 있기를 바란다.

수현씨는 공평하고 싶었다. 처음엔 시크하기만 했던 와인의 끝 맛이 참 달다.

언니의 솔루션

1. 이별을 인정하면 뒤늦게 분노가 터져 나올 수 있고 그것은 자연스럽다.

2. 쌓인 원망을 충분히 표현해야 좋은 추억을, 고마운 마음을 잘 간직한다.

3. 아픔은 시간이 지나면 반드시 나아진다.

이별을
충분히 슬퍼하라

스타 이즈 본A Star Is Born, 2018

사랑이 그 자체로 빛나고 벅찬 것처럼 이별은 어쩔 수 없이 슬프고 또 슬프다.
굳이 서로에 대한 연민을 말하지 않더라도
불완전한 나를, 그를 끌어안을 수밖에 없다.

수현씨의 대학 동기 성우는 회사 밴드에서 기타를 친다. 그는 어릴 때 드럼을 배웠었는데, 직장인으로 취미생활을 하려니 휴대가 간편한 악기가 필요했다. 그래서 뒤늦게 기타를 배웠다.

워낙 소질이 있어 사내 동아리에 들어간 후부터는 그냥 기타리스트가 되었다. 매년 하는 공연에 수현씨를 꼭 초대했는데 한 가지 이유는 칭찬을 받고 싶었기 때문이고, 다른 하나는 그녀의 친절에 보답하고 싶었기 때문이다.

"네 잘못이 아니야. 넌 최선을 다했잖아. 사람들이 하는 말을 귀담아듣지 마."

과대표를 하는 동안 수시로 욕을 먹던 성우 곁에서 수현씨는 당연하게 그의 편을 들었다. 과내 활동에 열심히 참여하지도 않았고, 동아리 일과 연애에 바빠 술자리에도 잘 나타나지 않았지만 수현씨는 밉지 않은 친구였다. 아니, 미워할 수가 없었다. 어떤 상황에서도 흔들림 없이 모두에게 참 친절한 그녀였다. 특히 성우는 그녀에게 자주 기댔다. 고등학교 때 사고로 엄마를 잃은 그에게 수현씨의 친절은 엄마의 보살핌처럼 따뜻했다.

올해도 어김없이 공연 소식을 알리는 톡이 왔고, 수현씨는 망설임 없이 시간을 빼뒀다. 연례 행사처럼 만나는 친구인데 못가면 섭섭했다. 공연은 홍대 근처 토요일 7시였다. 늦잠을 자고 일어났는데 어중간한 시각이라 일단 나왔다. 신촌역을 지나쳐 걷는데 극장이 보였고, 시간도 때울 겸 들어간 그곳에서 마침 레이디 가가가 나오는 영화가 상영 중이었다. 팝 음악을 아주 좋아하는 건 아니지만 매일 퇴근길에 라디오를 듣다보니 나름 취향이 생겼다. 공연 보러 가기 전에 워밍업처럼 음악 영화라니, 왠지 꼭 봐야 할 것만 같았다. 그렇게 영화 초반부터 몰입한 수현씨는 마지막 장면에서 흐느끼고 있었다.

성우의 공연은 참 좋았다. 특별히 더 좋은 것도 같았다. 성우는 그 어느 때보다 연주를 잘했고, 깜짝 선물처럼 노래도 한 곡 불렀다. 라디오 헤드의 〈High and Dry〉는 성우와 수현씨 둘 다 좋아했던 노래다. 그 노래가 나오자 대학 시절이 생각나 그녀는 조금 울컥했고 결국 마지막에 한 여성 멤버가 부른 곡에서 무너졌다. 빛과 소금의 노래로 이소라가 다시 불렀던 〈내 곁에서 떠나가지 말아요〉는 어릴 적 이모네 집에서 처음 들었던 곡이자 사촌언니의 애창곡이기도 했다.

'돌이킬 수 없는 그대 마음 / 이제 와서 다시 어쩌려나 / 슬픈 마음도 이제 소용없네….'

슬퍼해도 소용없다니. 가슴을 쿵 치는 가사에 수현씨는 또다시 엉엉 울었다. 아무리 슬퍼한다 한들 그가 다시 돌아올 리 없었다. 이제 그가 아닌 다른 사람을 만나려고 하는데도 요즘 부쩍 무기력한 그녀였다. 오늘은 울고 또 우는 날인가. 이미 공연 전에 극장에서 너무 울었던 탓에 수현씨는 공연이 끝나자 기운이 쭉 빠졌다.

"수현아, 오늘은 그냥 가면 안 된다. 남친 없이 혼자 온 거 처음이잖아. 놀다 가!"

생각해보니 혼자 성우의 공연에 온 건 처음이었다. 그는 팝 음악을 유난히 좋아했고 베이스 기타에 푹 빠져 있던, 알고 보면 음악에 조예가 깊은 사람이었다. 어쩌면 그녀보다 더 밴드 공연을 기다리고 즐겼었다. 언제나 싹싹하고 귀여운 구석이 있는 성우 덕에 수줍음 많은 그도 빠지지 않고 뒤풀이까지 간 적도 있었다. 그런데 이제 그가 없다. 혼자 뒤풀이 장소에 따라간 수현씨는 모르는 사람들 틈에서 맥주를 홀짝거렸다. 너무 울어서 수분이 다 날아갔던지 목이 계속 탔다.

그 사람만의 잘못이
아니다

"남자가 너무 못났지, 끝까지 완전 이기적인 거잖아!"

무슨 얘기를 하는지 가만히 듣는데 어제 〈스타 이즈 본〉을 다 같이 가서 봤단다. 곁에 아는 사람도 없는데 수현씨는 조용히, 그러나 단호한 목소리로 반박했다. 그건 그 남자 잘못이 아니라고. 그가 불우한 환경에서 태어나 자란 것은 결코 그의 잘못이 아니었다. 그녀 곁을 지키고 또 결국 떠나게 된 것도 그가 혼자 결정한 것은 아니었다. 서로 사랑했기 때문이고, 그 사랑을 지키지 못한 것을 모두 그에게 뒤집어씌울 수는 없는 일이었다.

브래들리 쿠퍼와 레이디 가가가 열연한 〈스타 이즈 본〉은 1954년에 처음으로 만들어졌던 고전 영화 〈스타 탄생〉을 리메이크한 작품이다. 스토리는 이렇다. 유명한 가수이자 기타리스트인 남자는 우연히 무명 가수인 여자를 만난다. 그녀의 실력에 반한 그는 본인의 무대에 같이 서보자고 여자를 설득한다. 그렇게 둘은 함께 노래를 하고 사랑에 빠진다. 그리고 여자는 스타

둘은 함께 노래를 부르고 사랑에 빠진다.

가 된다. 상대적으로 남자의 인기는 떨어졌고 그와 동시에 술과 마약에 중독된 그는 더욱더 나약해진다. 그럼에도 불구하고 여자는 남자를 사랑하지만 현실은 녹록지 않다.

　이토록 뻔한 내용이지만 좋은 음악과 배우들의 훌륭한 연기가 더해져 영화는 충분히 감동적이었다. 수현씨가 괜히 운 것은 아니었다. 그런데 사람들과 어울려 이야기를 하다 보니 각자 다른 생각으로 그 영화에 몰입하고 있었다는 걸 알게 되었다.

　남자 주인공이 너무 이기적이라는 말을 듣자 수현씨는 사실 좀 당황했다. 아, 그렇게 생각할 수도 있나?

서로의 아픔을 두려움 없이
안을 수 있었다면?

표면적으로는 여자의 헌신적인 사랑이 돋보인다. 그녀는 능력이 있으나 외모에 대한 콤플렉스 때문에 자신이 없다. 그래서 남자가 다가올 때도 그저 놀랍기만 하다. 한편 그녀는 남자의 속마음을 처음으로 알아준 사람이다. 그에게 무례하게 말하는 사람들을 향해 주먹을 날리고, 그 주먹을 어설프게 치료해주는 그에게 과거를 묻는다. 고향이 어디냐고. 마치 누군가 제발 물어봐주기를 바랐는데 아무도 물어봐주지 않아 섭섭했던 어린아이처럼 그는 자신의 어린 시절을 출생부터 줄줄이 고백한다.

수현씨는 영화 초반에 여자가 남자의 고백을 끌어내고 즉석에서 그를 위한 노래를 만들어 불러줄 때 '아!' 하고 감탄했다. 사랑은 저런 걸까? 스스로에겐 한없이 위축되어도 그에 대해선 힘 있는 전사가 되어 줄 수 있는 것.

그녀는 그의 아픈 과거에 당당히 참여하고 아무렇지 않게 어루만진다. 그렇게 쓱 들어와 스스로 피하고 싶던 흙탕물에 기꺼이 발을 담그고 나를 초대하는 사람이라니! 여자는 남자에게 당당한 자아를 선물한다.

수현씨는 생각했다. 그와 나의 만남이 사랑이었을까? 그런 것 같다. 영화 속에서 자신 없던 여주인공이 한 남자 앞에서 그리 당당하고 멋질 수 있다는 것을 보면서, 그 좋은 느낌이 생각나 평온해졌다. 그를 만나는 동안 서로의 깊숙한 곳까지 다녀왔을 때의 만족감이 그리워졌다.

수현씨는 자신의 아픔은 두려워 피하고 싶었지만, 언제나 그의 아픔은 꼭 끌어안고 싶었다. 그리고 그런 순간들이 있었다. 서로 조금씩 내어주고 또 안아주기를 반복하며 그 오랜 세월을 함께해왔다고 생각하니 가슴이 조금 벅차오르기까지 했다. 적어도 우리는 사랑을 했구나.

불안을 견디고
기다릴 수 있었는가?

한편 여주인공은 가수로 성공해 잘나가는 순간에도 그에 대한 사랑을 놓지 않았다. 찌질한 면을 보이는 남자친구 앞에서도 그가 부끄럽지 않게 잘 받아주는 여유를 보였다. 알코올 중독으로 재활 치료에 들어간 남편을 눈물겹게 기다렸고, 그가 돌아와주는 것에 진심으로 감사하며 유럽 투어 공연에 그가 없으면 가지 않겠다는 선언까지 한다.

와, 그건 쉽지 않은 일일 것 같다. 수현씨는 종종 조바심이 났다. 그녀 자신이 바쁜 회사 생활 속에서 그를 완전히 잊을까봐 두려웠고 그의 해외 출장이 잦아질 때마다 멀어지는 거리만큼 그의 마음도 떠날까봐 불안했다. 기다리지 못했고, 그래서 식어버리는 쪽을 선택한 것 같기도 했다. 사랑을 시작했지만 오랜 기간 그대로 유지하는 것은 쉽지 않았다.

영화 속에서 완벽한 여자 곁을 떠난 건 남자였다. 그녀의 재능을 알아차리고 키워주기도 했지만 그녀의 출세를 마냥 기뻐할 수만은 없는 그였다. 그는 이미 술 없이 버티기가 어려운 사람이었고, 그녀를 처음 만났을 때에도 잔뜩 취해 있었다. 술로 기어이 사고를 친 다음날 염치도 없이 프러포즈를 하고, 여자가 꿈에 그리던 상을 받아든 그 순간에는 곁에서 치명적인 실수까지 한다.

누구의 탓도 아닌

이별 앞에서 겸손해질 것

수현씨와 이전 애인은 둘 다 완벽하지 못했다. 아무래도 영화가 아닌 현실이니까. 어쩌면 그래서 수현씨는 남자 주인공을 미워할 수가 없었다.

그가 재활 치료를 위해 들어간 곳에서 치료사에게 하는 말이 가슴에 남았다. 유년 시절 늘 술에 취해 있던 아버지와 살던 어느 날 남자는 천장에 달린 팬에 허리띠를 묶고 목을 맨다. 팬은 그대로 바닥에 떨어져 다행히 그는 죽지 않았다. 취한 아버지는 그 사실을 반년 동안이나 인지하지 못했다.

그가 그 어린 시절, 자살을 시도한 이유가 특별하지 않았을 수도 있다. 그저 호기심이었거나 순간적인 좌절로 인한 치기 어린 행동이었는지도 모른다. 그런데 그 시도 이후의 상황은 그가 정말 죽고 싶은 큰 이유가 되었을 것이다. 유일하게 의지할 아버지는 나를 돌봐줄 수 있는 사람이 아니라는 것이 명확해졌다.

반년 동안 바닥에 방치된 팬은 자신의 모습처럼 외롭고 쓸쓸해보였을지도 모른다. 아무짝에도 쓸모없고, 없어도 그만이며, 오히려 그 자리에 있으면 지나가는 사람에게 거치적거릴 뿐인 존재.

남자가 여자를 떠난 건 그의 탓이 아니었다. 둘 다 완벽하지 않은 삶을 살았고, 그는 그의 삶에 충실하려 노력했으나 안타깝게도 너무 큰 좌절에서 완전히 고꾸라졌다. 고비를 넘기지 못한 건 그의 탓도, 그녀의 탓도 아니다. 그저 슬픈 일일 뿐이다.

그래서 수현씨는 울었다. 이별은 누구의 탓도 아닌 그저 슬픈 일이라서. 사랑이 그 자체로 빛나고 벅찬 것처럼 이별은 어쩔 수 없이 슬프고 또 슬펐다. 굳이 서로에 대한 연민을 말하지 않더라도 불완전한 나를, 그를 끌어안을 수밖에 없었다.

영화 이야기를 들으며 이런 저런 생각에 잠겨 있는 수현씨 곁

고비를 넘기지 못한 것은 그저 슬픈 일일 뿐이다.

에 성우가 나타나 앉는다. "오늘 연주도, 게다가 노래까지 너무 좋더라." 수현씨의 인사말에 그는 씩 웃는다. 실은 잠깐 만났던 사람과 헤어진 지가 얼마 안 됐다고 했다. 역시 음악은 슬퍼야 잘 되나보다며 슬픔 뒤에 숨는 성우가 밉지 않았다. "그래, 네가 이제야 진정한 뮤지션이 되는 거냐?" 두 사람은 기분 좋게 술잔을 부딪쳤다. 이렇게 아픈 만큼 성장하는 건가 싶은데 또 이 나이가 되어도 계속 자라야 한다는 게 씁쓸했다.

순간 수현씨는 오늘만큼은 실컷 울고 또 웃는 날이고 싶었다. 영화를 보면서부터 아주 깊숙한 곳에서 끓어 오르던 눈물이 공연 때 터졌고, 술자리에서 마무리가 되는 지금 이 순간 함께 앉은 친구가 고마웠다. 충분히 슬퍼할 수 있는 이 시간이 참 좋았다. 앞으로 살아야 할 시간이 더 길고 그러려면 잘 정리하고 나아가야 한다는 것을, 이 나이에도 이렇게 꾸준히 성장하고 있다는 것을 이제 받아들이면 된다.

영화 〈스타 이즈 본〉에서 레이디 가가는 떠난 남편을 추모하는 공연에서 노래를 부른다. 남자가 가사를 쓰고 여자가 멜로디로 완성한 그 노래를 말이다. 아름다운 곡을 타고 흐르는 노랫말이 반복된다. '다시는 사랑을 하지 않을 거야.' 수현씨는 생각했다. 그 다짐이 사랑의 결실 같다고. '우린 충분히 사랑을 했고, 더 이상 바랄 것이 없다'라는 말처럼 들렸다.

만나는 그 시간 동안 충분히 서로 사랑했다. 그걸로 된 거다. 우리의 사랑은, 이별까지도 충분히 아름답게 빛날 것이다. 그렇게 믿자.

언니의 솔루션

1. 충분히 원망했다면 이제 서로를 용서할 차례이다.
2. 이별은 어쩔 수 없이 슬프다는 것을 인정하고 마음껏 슬퍼하라.
3. 만나는 시간 동안 깊이 사랑했다면 그걸로 된 거다.

추억 속의 그를
그대로 수용하라

프란츠Frantz, 2016

과거의 사랑은 흑백 영화가 되었다.
더 이상 현재에서 빛날 순 없지만 그대로 잘 묻어둔다.
그 순간의 우리만을 기억하고 이별을 받아들이기로 한다.

매년 11월이 되면 수현씨는 조금 울적해진다. 좋은 가을이
가고 제법 쌀쌀해지는 날씨 탓이기도 하고, 그녀의 생일이 있는
달이기 때문이기도 했다. 어렸을 때부터 생일의 기억은 어째 좀
별로다. 아빠가 갑자기 늦거나 엄마가 너무 바빠 왠지 좀 성가
신 일정이 돼버리곤 했다. 성인이 되어서도 비슷했다. 애인이
약속 장소에 늦게 나타나거나 사소한 다툼으로 기분 나쁘게 헤
어지곤 했다. 그렇게 돌아선 날의 장면은 신기하게 온도부터 기
억나 온몸으로 쓸쓸함을 느껴야만 했다. 마치 흑백 영화를 보는
것처럼 차가운 옛날 느낌이다.

헤어진 지 벌써 3년 가까이 되어간다. 역시나 시간이 약인지 더는 그립거나 슬퍼지지 않았다. 다행스럽기도 씁쓸하기도 한 일. 최근엔 마음이 움직이는 사람도 생겼다. 네 살 어린 후배인데 언젠가부터 그림자처럼 수현씨 곁에 있었다. 따뜻하고 든든하지만 한편 부담스럽고 미안한 기분. 미안하지 않고 맘껏 사랑을 주고 싶은데 그렇게는 잘 되지 않는 가을이었다.

결정적으로 그와 함께 있으면 나이가 들었다는 것이 더 실감 났다. 이제 서른 중반이 된 그녀는 매일 아침 약간의 긴장을 안고 거울 앞에 서야 했다. 생일이 된다는 건 한 살 더 먹는다는 의미이고, 이렇게 올해의 생일 역시 씁쓸할 준비를 마쳤다.

이미 오랜 시간이 지났는데 여전히 그녀의 집엔 그의 흔적이 가득하다. 영화사에서 일했던 그는 구하기 어려운 DVD를 가져와 수현씨 집에 쌓아두곤 했었다. 수현씨는 영화를 아주 좋아하는 편은 아니지만 멍하니 혼자 집에 있을 때, 기분 전환이 필요할 때, 특히 새로운 아이디어가 필요할 땐 기도하는 마음으로 손에 짚이는 DVD를 꺼내 트는 버릇이 있었다.

'나이 든 여자의 생일날 어울리는 영화는 뭘까?'란 생각으로 몸을 일으키면서 오늘은 정말 집에서 푹 쉬고 싶다고 생각한다. 만날지말지 어제 약속을 확실히 잡지 않은 게 다행이었다.

과거의 사랑을
붙잡고 싶다

"프란츠를 잊도록 도와줄게요."

"잊고 싶지 않은데요?"

이렇게 말하던 안나는 프란츠의 친구라고 나타난 한 남자를 사랑하게 된다. 프랑소와 오종 감독의 영화 〈프란츠〉는 1919년의 독일과 프랑스를 배경으로 하는 흑백영화이다. 아주 가끔씩 행복한 순간에만 컬러로 변한다. 이 영화는 전쟁 후 아직 화해하지 못한 이들의 마음을 색깔로 표현하는 것 같다. 아니, 약혼자를 잃은 안나의 슬픈 마음쯤으로 해도 좋고.

흑백 화면에 이끌려 〈프란츠〉를 고른 수현씨는 안나(폴라 비어 분)의 절제된 연기가 너무 아름다워서 영화에 완전히 몰입했다. 안나는 전사한 약혼녀 프란츠를 잊지 못해 외로운 생활을 하던 중, 프란츠의 무덤에 찾아온 프랑스 청년 아드리안(피에르 니네이 분)을 만나게 된다.

프란츠의 가족을 찾아 와 무언가 망설이던 그는 얼떨결에 프란츠의 절친이라고 말해버린다. 프란츠를 잃고 떠나보내지 못한 부모와 안나가 그걸 원했기 때문이리라. 아드리안은 그들이 원하는 대로 친구 역할을 잘한다. 어디서 어떻게 만났는지 그와 어디를 다녔는지 그림처럼 상세히 묘사한다.

아드리안과 행복한 시간을 보내는 안나.

　추억을 더듬는 과정에서 그의 가족들은 프란츠를 되찾은 것 같은 착각에 빠져 행복해한다. 동시에 아드리안의 죄책감은 날로 심해진다. 그는 그저 전시戰時에 프란츠를 만난 프랑스 병사였고 그를 총으로 쏜 장본인이었던 것이다. 평화주의자인 프란츠는 전쟁터에서도 실탄을 넣지 않은 총을 들고 있었으며 겨누지도 못한 채 숨진다. 죽은 그의 곁에 쓰러진 아드리안은 그의 가슴에서 안나에게 보내는 편지를 발견하고 더 깊은 죄책감에 빠진다. 결국 부채감을 거두고 싶어 독일로 향한 것이다.

　끝까지 이기적인 아드리안의 실체를 알게 된 안나는 오열한다. 그녀는 그를 떠나보내고 프란츠의 부모에게는 거짓말을 하며 무거운 마음을 안고 이전과는 또 다른 시간을 보낸다.

프랑스로 가서

그의 흔적을 되짚다

수현씨는 안나의 표정을 따라갔다. 아드리안이 프란츠를 대신 해 바이올린을 연주하고 안나가 그를 위해 피아노 반주를 하러 자리를 옮기는 그 순간에 흑백 화면은 색깔이 입혀지고 안나의 표정도 화사하게 빛난다. 그리고 곧 쓰러지는 아드리안을 따라 다시 흑백이 된다.

안나는 흑백 화면 속에서조차 빛나는 여성으로 그 묵직함을 안고 살아가기엔 너무 아까웠다. 충분히 예쁜 애벌레이지만 나비가 되면 그 어떤 생명체보다 더 화려하게 날아갈 것 같은 안나는 성장통을 앓는 중일까. 아드리안의 거짓말이 밝혀지고 그를 떠나보낸 뒤 꺼낸 프란츠의 편지에는 이렇게 쓰여 있다.

'나에게 무슨 일이 생겨도 삶을 사랑하며 행복하겠노라고 약속해줘.'

안나의 참던 눈물이 터지자 수현씨의 눈에서도 눈물이 뚝 떨어진다. 사랑하는 사람이 이 세상을 떠났을 때, 그가 없는 삶을 사랑하며 행복할 수 있을까. 프란츠는 안나가 자신의 죽음을 수용할 수 없을 거란 걸 너무 잘 알고 있었다. 바보같이 무덤 앞에 예쁜 꽃을 꽂고 서서 기도하는 것으로 남은 생을 허비할 거란 걸 알았을까. 슬픔 속에 갇힌 흑백 영화 속 비련의 여주인공이 된 안나를 예상했으리라.

그녀를 그토록 잘 알고 당부의 말을 전한 그가, 그들의 사랑이 감동적이어서 눈물이 났다. 그런 따뜻한 사람을 이제 편지로밖에 만날 수 없는 안나의 심정을 알겠기에 눈물이 났다. 살아가면서 삶을 송두리째 가져가는 사람을 만났다는 건 행복일까 불행일까. 전자일 거라 생각하면서 또 울었다. 그런 사랑이라면 잊고 싶지 않다.

프랑스로 돌아간 아드리안은 안나와 프란츠의 부모님께 편지를 쓴다. 진실을 숨긴 안나는 부모님께 거짓 편지를 읽어드리고 아드리안에게 답장 쓰는 걸 미룬다. 시간이 지나 안나는 깨닫게 된다. 지금 그리워하는 대상은 프란츠가 아니라 아드리안이라는 것을 말이다.

프랑스로 그를 찾아가지만 그는 이미 약혼녀가 있다. 배신감과 수치심, 질투심에 사로잡힌 안나는 아드리안을 향해 울부짖고 그들은 다시 헤어진다. 그러나 독일로 돌아가지 않고 프랑스에 남아 안나는 또 다른 삶을 시작하는 것 같다.

이 영화의 반전은 안나가 프랑스로 가서 프란츠의 흔적을 되짚을 때 벌어진다. 프랑스란 나라는 결코 프란츠의 말처럼 아름답지 않았다. 그가 머물던 파리의 호텔은 사창가 근처로 여자를 산 남자들이 묵는 곳이다. 그가 그토록 좋았다던 한 청년이 나오는 마네의 그림은 안나의 상상과는 전혀 다른 '자살'을 주제로 하고 있다.

그녀는 누굴 사랑했던 걸까? 프란츠는 안나가 생각한 것처럼 지적이고 도덕적이며 평화를 사랑하는 완벽한 남자였을까? 알 수 없다. 그 누구도 다른 사람의 마음과 모든 성품을 알 수 없다. 그저 보이는 대로 믿고, 믿는 바대로 사랑할 뿐이다.

무슨 일이 생겨도
삶을 사랑하며 행복할 것

어쩌면 안나는 아드리안에게 배신감을 느끼는 것만큼이나 프란츠에게 비슷한 감정을 느꼈는지도 모르겠다. 그녀가 알고 있던 약혼자가 아닐 수 있다는 생각에 겁이 났을 수도 있을 것이다. 그래서 그에게서 멀어져 지금 이 순간 사랑하게 된 아드리안에게 마음을 열 수 있었는지도 모른다.

그러나 불행히도 아드리안은 다른 여자의 남자였다. 안나에게 끌리지만 가족을 벗어날 수 없고, 새로운 도전에 발을 뗄 수 없는 연약한 사람이었다.

이제 안나는 과거의 사랑과도, 그 사랑이 이어준 가족과의 인연에서도, 그 사랑의 종말과 동시에 시작된 아드리안과의 모호한 관계에서도 벗어나게 된다. 드디어 그녀는 나비가 된다. 날아

갈 준비를 하고 있다. 마지막 장면에서 화면은 컬러로 바뀐다.

미술관을 걸어가는 안나의 발걸음은 당당하고 짧아진 머리는 산뜻하다. 그렇게 다시 마네의 그림 앞에 마주 앉는다. 〈자살〉이란 죽음의 그림 안에서 안나는 어떤 에너지를 얻었을까. 낯선 남자가 이 그림이 마음에 드냐고 묻자 안나가 말한다.

"네, 살려는 의지를 주거든요."

그녀가 웃었다. 〈자살〉이란 그림을 통해 삶의 의지를 얻는다는 건 너무 뻔하고 식상하다. 그렇다면 뭔가 다른 게 있을까? 프란츠는 그녀에게 삶을 사랑하며 행복하라고 당부한다. 그녀의 미숙함과 소극적인 태도에 대해 그는 삶을 적극적으로 살아낼 것을, 그것이 행복임을 알려준다.

그렇다면 스스로 목숨을 끊은 청년의 그림은? 스스로 삶을 끊을 수 있는 용기는 적극적으로 삶에 뛰어드는 용기와 다르지 않으리라. 어쩌면 이 그림에 그토록 매달렸던 프란츠는 용기가 필요했는지도 모른다. 가족과 애인에게 보여주지 못한 삶에 대한 두려움에 홀로 괴로웠을지도 모른다. 그도 결국 나약한 한 인간일 뿐이었다. 안나는 더 이상 과거의 이상에 매이지 않고 부족한 채로 현실을 살아내는 스스로를 격려할 수 있을 것이다.

흑백 화면에 잠시 넋을 잃었던 수현씨는 컬러로 변한 마지막 장면, 그리고 안나의 의미심장한 미소와 함께 다시 살아난 기분이었다. 그런 그녀를 줄곧 지켜보기라도 한 듯 전화벨이 울렸다. 30분 후에 집 앞에 도착한다고 했다.

오늘은 그냥 혼자 있고 싶은 마음이었는데 어쩐지 마음이 움직였다. 그의 단호한 목소리 때문이었을까. 아니면, 과거를 온전히 떠나보내고 현재를 수용해 낸 안나의 단호함 덕분이었을까. '늦어도 기다릴게요!'란 마지막 한마디에 수현씨는 본능적으로 설렜다.

과거의 사랑은 흑백 영화가 되었다. 더 이상 현재에서 빛날 순 없지만 그대로 잘 묻어두고 싶다. 곱씹어 재해석하며 손상시키지 말고. 그 순간의 우리만을 기억하고 이별을 받아들이기로

죽을 만큼 아프다면?

한다. 아무것도 우리의 사랑을 대체할 수 없다. 단지 새로운 사랑이 있을 뿐. 문득 늙어가는 것마저 순순히 받아들일 수 있을 것 같다.

내일은 또 다를 수 있겠지만 지금 이 순간만큼은 나이가 드는 것도 나쁘지 않다고 수현씨는 생각했다. 거울 앞에 서서 활짝 웃어보았다. 눈가에 주름이 예쁘게 잡혔다.

언니의 솔루션

1. 과거는 그 자체로 남겨두자.
2. 우리가 바꿀 수 있는 것은 오직 현재뿐이라는 것을 기억하자.
3. 변하지 않는 것은 위험하다. 새로운 사랑도 충분히 아름다울 수 있다.

사랑 안에
삶과 죽음이 공존한다

콜드 워 Cold War, 2018

사랑은 때로 우리를 죽을 만큼 아프게 하지만,
사랑에 대해 생각하지 않는 삶은
죽음 그 자체인지도 모른다.

엄마가 떠난다고 했다. 언젠가는 그럴 것 같았는데 수현씨는
그날이 오자 당황했다. 한 집에 같이 산 건 오래 전 일이고 그렇
다고 연락을 자주 했던 것도 아니었는데 짝 잃은 기러기가 된
것처럼 쓸쓸해졌다. 아니, 무서워졌다고 해야 할까. 어떻게 나
를 두고, 세상 하나 뿐인 자식을 두고 바다 건너 다른 나라로 가
버릴 수 있지? 상대가 엄마라서 더 원망스러웠다.

그런 야속함이 40이라면 60은 걱정되는 마음이었다. 이제 수
현씨도 나이가 들었고, 늙어가는 엄마를 보살펴야 한다는 책임
감이 커졌기 때문이다. 아프면 어떻게 할 것이며 외로워서 우울

증이라도 걸리면 어떻게 하려고. 그래도 엄마를 말릴 수 없다는 건 너무 잘 알았다. 오래 전부터 준비한 일이었고 마침 좋은 집이 구해졌다며 어린 아이처럼 신이 난 상태였다. 이 모든 준비 과정을 함께해준 엄마의 단짝 친구도 미웠다.

엄마의 오랜 단짝인 미연 이모는 아빠랑 헤어진 뒤 공부를 다시 시작했을 때 만난 친구다. 엄마보다 두 살 위인 그녀는 어딘가 비밀스러운 사람이었다. 타인에게 좀처럼 속내를 비치지 않는 그녀가 엄마에게만 다정하다는 생각이 들었다. 어쩌면 둘은 사랑하는 사이인지도 몰랐다.

왜 그걸 이제야 알았을까. 엄마와 전화를 끊고 곰곰이 생각에 잠겼던 수현씨는 마음이 복잡해졌다. 사랑하는 사이일 수도 있겠구나. 그럼 나는 안심을 해야 하는 건가.

수현씨는 이래저래 심란할 땐 정이언니네 옷가게를 찾는다. 몇 년 새 단골손님이 늘고 인터넷에서도 꽤 유명해진 언니네 옷가게는 휴일이면 사람들로 붐볐다. 정이언니는 뒤늦게 따뜻한 라떼 두 잔을 들고 문 앞에서 기다리는 수현씨를 알아본다. 언니의 활짝 웃는 모습에 그녀는 금세 마음이 말랑말랑해졌다. 바다같이 넓어진 마음으로 엄마를 떠올리면 모든 걸 다 이해할 수 있을 것만 같았다.

"어서 와, 나 지금 커피 엄청 고팠어."

뭐지? 내가 아니라 커피였어? 서운했던 것도 잠시, 수현씨는 착각의 순기능에 대해 생각하게 되었다. 날 반가워한다고 생각했을 때 얼마나 기쁘고 행복했던가. 어쩌면 만남의 과정에서 이런 소소한 착각들이 사랑을 더 키우기도 혹은 끝나게 하기도 하겠구나 싶다. 이미 행복해진 수현씨는 이제 언니가 커피를 반기든 본인을 반기는 것이든 상관이 없다.

"엄마가 남은 생은 섬나라에서 살 거래. 떠날 준비 다 마치고 얘기해주는 거 있지…."

가만히 수현씨 이야기를 듣고 있던 정이언니의 첫 마디는 "축하 파티 준비하자!"였다. 오랜 계획이 결실을 이루는 건데 반대할 이유가 없다고 했다. 이제 엄마도 본인의 삶을 충분히 누릴 자격이 있다고 말했다. 누구에게도 의지하지 않고, 누군가를 위해 희생해야 한다는 책임감도 없이 자유롭게 훨훨 날아갈 수 있게 해드려야 한다고 했다. 아니, 누가 모르나? 난 그냥 걱정이 될 뿐인데. 딸로서의 역할도 있는데. 엄마가 혹여 서운해 하거나 혼자 외로워하며 딸 자식 소용없다고 하진 않을까, 라고 묻자 정이언니는 웃는다.

"수현아, 엄마 곁에는 미연 이모가 있잖아. 사랑은 위대한 거야. 절대 딸이나 엄마가 채워줄 수 없어."

말문이 막힌 내게 언니는 뜬금없이 영원한 사랑을 믿냐고 물었다. 세상을 살면서 오직 한 사람을 사랑하는 것이 가능한 거냐고도 물었다. 더불어 좋아하는 사람이 생긴 것 같다는 충격 고백도 했다. 엄마랑 정이언니랑 양쪽에서 수현씨를 공격하는 것 같아 멍해졌다. 그만큼 폭탄 같은 선언이었기 때문이다. 수현씨가 들고 온 '바로 그' 커피를 반긴 것도 다 이유가 있었다.

어리둥절해진 수현씨를 위로해야겠다고 마음먹은 건지, 정이언니는 오늘 문을 일찍 닫겠다고 했다. 최근에 구한 영화인데 집에 가서 같이 보자고 한다. 특별히 맛있는 저녁밥도 지어준다는데 마다할 이유가 없었다. 둘은 옷가게 유리문을 잠그고 친절하게 메모지를 붙여두는 것도 잊지 않았다. '오늘은 조금 일찍 들어갑니다. 사랑에 관한 긴급 제보가 들어왔어요. 언제나 사랑해주셔서 감사합니다. :-)'

냉전시대의
뜨거운 사랑

영화 〈콜드 워〉는 냉전 시대의 폴란드를 배경으로 한 영화다. 폴란드 시골의 전통 음악을 살리려는 음악가들은 가난한 시골 사람들 중 재능 있는 12명의 단원을 모집한다. 실력 있는 음악가 빅토르(토마즈 코트 분)는 오디션 때 만난 줄라(요안나 쿨릭

사랑은 멈추려고 해도 멈출 수 없다.

분)의 매력에 마음이 움직인다. 동료는 그녀의 신분을 의심하지만 빅토르는 그녀를 뽑아 지켜본다. 연습을 시키고 무대에 서기까지의 과정을 거쳐 둘은 연인이 된다.

어느 날 줄라는 자신이 빅토르에 대해 보고하고 있다고 고백한다. 줄라에 대한 빅토르의 관심을 눈치 챈 윗선에서 그를 감시하려는 목적으로 그녀를 이용하고 있었다. 공산주의를 잘 따르고 있는지, 자본주의 사회에 노출될 위험은 없는지.

위험 인물이 된 빅토르는 마음이 복잡하다. 어쩌면 그녀의 첫 번째 배신을 알게되었지만 그는 그녀를 떠날 수가 없다.

어떻게 그는 그녀를 믿고 사랑을 멈추지 않았을까? 수현씨가 잠깐 그 생각을 했을 때 동시에 답도 떠올랐다. 사랑은 멈추려고 한다고 멈출 수 있는 것이 아니지. 이미 그녀에게 푹 빠진 그가 어떻게 냉정하게 돌아설 수 있었겠는가.

감정이 지배한 상태에서는 그 어떤 객관적인 판단도 소용이 없다. 아마 합리화했을지도 모른다. 잡혀간다고 한들 어쩌겠나. 이미 그녀를 사랑하고 있고 그 자체로 너무 행복한 걸. 사랑 없이 안전한 것보다 위험하더라도 행복한 쪽을 선택하겠다고 생각했을까.

사랑과
집착의 차이

프랑스 망명 계획을 알리고 그녀와 함께하려고 했을 때에도, 파리의 어느 카페에서 만나기로 한 날에도 그는 그녀를 끝까지 기다리고 기꺼이 배신당한다. 체제가 갈라놓은 오랜 엇갈림 끝에 드디어 함께 할 수 있게 된 그 순간에도 줄라는 그에게서 도망친다.

사랑하지만 함께 하면 비참해지는 건 온전히 그녀의 탓이다. 스스로에게 자신이 없는 줄라는 빅토르의 사랑을 끊임없이 의심하며 시험에 들게 한다. 그리고 빅토르는 끝까지 그녀의 시험을 통과한다. 그 어떤 위험에 처할지라도 그녀 없이 살 수 없는 한 남자가 존재한다.

파리에서 음반을 내고 난 직후 떠나버린 줄라를 미친 듯이 찾아 헤매는 빅토르를 보면서 그것을 사랑이라고 해야 할지 혼란스러웠다. 결국 그는 폴란드로 돌아가는 길을 선택한다. 그길로 감옥살이를 할지라도 그녀를 볼 수 있는 곳으로, 그녀 가까이 가겠다는 의지.

아, 이건 그냥 집착이 아닐까? 15년 형을 선고받고 고문으로 더 이상 피아노를 칠 수 없게 된 그의 손가락을 보면서 수현씨는 어쩔 수 없이 눈물이 났다. 면회 온 줄라가 말한다. 우리가 대체 무얼 한 거냐고. 뜨겁게 서로 끌어안는 장면에서 빅토르의 선택은 집착이 아닌 사랑이었다는 게 확인된다. 그녀 역시 그와 함께여야만 행복할 수 있었다.

결국 그녀는 그를 완전히 믿게 된 걸까. 이미 그쯤 되어서는 그녀 역시 그를 위해 많은 것을 포기한 상태다. 이제 둘의 삶에는 사랑밖에 남은 것이 없다. 두 사람은 결국 영원히 함께하게 될 것이다.

폐허가 된 시골 마을 교회당에서 성혼 선언을 마친 둘은 벤치에 앉아 있다. 다른 풍경을 보러 가자는 줄라의 제안에 두 사람은 함께 일어나 사라지고, 텅 빈 배경에 글렌굴드가 연주한 바호의 곡 〈골드베르크 변주곡〉이 울려 퍼진다. 격정적이던 사랑이 피아노 선율과 함께 차분히 가라앉는다. 이렇게 아픈 사랑 영화는 처음인 것만 같다.

영원한 사랑은
과연 존재하는가?

영화가 끝나자 자연스럽게 정이언니의 질문이 이어졌다. "영원한 사랑은 존재하는가." 문득 영화 초반에서 폴란드 민속 노랫말이 조악하고 원시적이라며 비웃던 한 남자의 대사가 떠올랐다. 사랑하는 여인에게 문을 열어달라며 안 그러면 자해하겠다는 이야기, 엄마가 말리지만 심장이 뜨거우니 그를 사랑하지 않을 수 없다는 이야기.

어쩌면 조금 끔찍하기도 한 그 노랫말들이 사랑의 민낯이 아닐까? 조금은 비현실적이고 또 조금은 잔인하기도 한 것이 바로 사랑이라고. 사랑은 삶과 죽음을 합친 단어쯤일 거라는 생각이 들었다. 그러니 영원한 사랑은 존재할지도 모른다. 삶은 유한하지만 죽음과 합치면 영원하니 말이다.

정이언니는 수현씨의 궤변 같은 긴 이야기를 열심히 듣는다. 영화에서는 냉전 시대라는 극단적인 상황을 설정했지만, 평화로운 이 시대를 살아가는 우리들에게도 사랑에 반하는 상

그녀 역시 그와 함께여야만 한다.

황은 언제나 존재할 수 있다. 법과 윤리에 벗어나거나 사회적 편견에 부딪치거나 다양한 혐오와 간섭으로 여전히 자유로운 사랑이 어려운 사람들이 있을 것이다. 그리고 꼭 상황적인 이유가 아닐 지라도 줄라처럼 사랑을 회피하게 되는 개인 내적인 문제도 사랑하는 사이를 멀어지게 한다. 그 모든 제약을 뛰어넘을 수 있다면 영원한 사랑이 될 수 있지 않을까? 영화 속 두 주인공처럼 말이다. 슬퍼도 사랑이고 그런 채로 행복이라 말할 수 있지 않겠냐고 말하는 수현씨는 어느새 로맨티스트가 되었다.

"언니, 그런데 사랑은 소유가 아니니까. 헤어진 상태에서도 사랑을 이어갈 수 있을 거라고 생각했어. 나 있잖아, 엄마가 아빠를 평생 동안 사랑해주길 기대했었나봐. 엄마도 생생한 사랑을 할 자격이 있는데. 생각해보니까 난 너무 이기적이었어."

수현씨의 눈에서 눈물이 흐르는데, 언니는 그 모습이 참 이쁘다고 말해주었다. 그리고 수현씨의 손을 잡고 카페 주인을 어떻게 사랑하게 된 건지 고백하기 시작했다. 수현씨 또한 새로 만나는 사람에 대해 이야기했다. 자신이 어떻게 슬픔에서 벗어날 수 있었는지 말을 하는 과정에서 수현씨는 지금 만나는 사람에 대한 고마운 마음이 더 또렷해졌다.

그들은 모두 새로운 사랑을 시작했다. 이전의 아픔에서 완전히 벗어날 수 없다고 해도 새로운 사랑은 지금 이대로 빛났다. 그 어떤 사랑도 비교 불가능한 것. 그리고 사랑은 아플 수밖에 없다. '사랑=삶+죽음'이라는 공식을 수현씨는 마음속 깊이 새겼다.

언젠가 실존주의 철학을 바탕으로 한 심리학 책에서 이런 글귀를 본 것 같다. '죽음의 실체는 우리를 파괴하지만, 죽음에 대한 생각은 우리를 구원한다'는 말.

이 말을 사랑에 옮겨보면 어떨까? '사랑은 때로 우리를 죽을 만큼 아프게 하지만, 사랑에 대해 생각하지 않는 삶은 죽음 그

자체인지도 모른다.' 사랑을 생각하고 사랑을 하는 우리라서
다행이다. 최소한 죽은 채로 사는 불행에서는 벗어난 것이니
말이다.

언니의 솔루션

1. 그 어떤 사랑도 존중받아 마땅하다.

2. 사랑했고 슬퍼했고 그만큼 성장한 나를 격려하자.

3. 그 어떤 사랑도 비교 불가능한 것임을 기억하고 새로운 사랑을 시작하자.

그래도 사랑은 계속된다

원고를 마친 다음날부터 나는 왠지 몸이 아프고 우울해졌다. 부정적인 생각에 쉽게 빠졌고, 사소한 일에 화가 나 주변 사람들을 괴롭혔다. 더운 여름을 보내고 날씨가 서늘해진 탓일까? 노안이 찾아왔기 때문일까?

이제 더 이상 내 열정을 막무가내로 쏟아내고도 즐거운 나이는 지난 것 같았다. 그래도 이건 좀 아니었다. 최소한 조금 후련해야 하는 것 아닌가.

역시 운동이 필요한가 싶었다. 작년부터 마라톤을 함께 나가보자던 지인은 잊을 만하면 메시지를 보냈다. 몸을 만들고 있는지 체크하기 위해서였다. 여전히 생각만으로 뛰고 있는 내게 책이라도 먼저 읽어보라며 하루키의 에세이를 추천했고, 뒤늦게 책을 주문해 출퇴근길에 읽기 시작했다. 그리고 내 우울함의 원인을 책 속에서 찾은 것 같다.

『달리기를 말할 때 내가 하고 싶은 이야기』는 작가 무라카미 하루키가 오랫동안 달리기를 하며 얻게 된 인생철학이 담겨 있다. 다른 소설책과 마찬가지로 그가 묘사하는 감각들에 마음이 움직였고 동시에 달려야 하는 이유를 하나 둘 꼽고 있었다. 그렇게 책의 중반부를 넘었을 때, 100킬로미터 울트라 마라톤에 참가하고 난 하루키는 이른바 '러너스 블루runner's blue'를 경험한다.

11시간이 넘는 마라톤을 완주한 후 큰 기쁨을 얻었지만, 왠지 모를 후유증에 시달렸다고 했다. 그것이 중년의 나이로 육체적인 피크를 실감했기 때문인지 모른다고도 했다. 그는 더 이상 달리기에 흥분하지 않았으며 다른 것에 흥미를 돌리게 되었다는 이야기.

'달리는 것만이 인생은 아니라고 생각하게 되었다'며 의식적으로 달리기와 거리를 두게 되었다고 한다. '식어버린 연애를 대하는 것처럼'이란 글귀에 시선이 머물렀다. 아! 나도 사랑에 대한 열정이 식어버린 걸까?

나는 언제나 "사랑만이 답"이라고 외쳐왔다. 어떤 상담 이론을 대할지라도 결국 사랑하게 되면 변한다는 생각만큼은 놓지 않았다. 실제로 내가 내담자client에게 진정 호감을 느끼고 그의 장점을 발견하게 되는 순간, 그에게서 빛이 나고 그의 삶에 변화가 생기는 일을 자주 목격했기 때문이다.

물론 당연히 연애할 때처럼 매일같이 그들을 생각한 건 아니지만 매주 50분, 상담 시간만큼은 내 온 마음을 쏟아 그들의 이야기를 들었다. 개인적인 삶에서도, 사랑을 느끼고 깨닫고 표현하며 때론 희생하는 데 내 몸과 마음을 아끼지 않았다.

이렇듯 내 삶의 주제는 언제나 사랑이었으니 시간을 쪼개 연애에 관한 원고를 쓰는 일에도 열정을 쏟을 수밖에. 수현씨와 그녀의 엄마, 사촌언니, 친구들까지. 생생하게 사랑을 생각하는 그들에게 친절한 상담자가 되어주는 일이 무척 즐거웠다. 그리고 이제 나는 조금 지친 것 같다. '러버스 블루lover's blue' 쯤으로 해두면 어떨까.

이별의 대목을 쓰고 고칠 때마다, 영화 이야기로 애도하는 과정을 거치는 문장마다 나는 조금 울 수밖에 없었다. 또 새로 시작되는 사랑의 복선을 쓰면서는 조금 뭉클해졌다. 그러니까 내 마음은 내 글과 함께 출렁출렁 파도를 탔다.

어쩌면 그런 징글징글한 연애에 대한 연애(?)의 과정을 거쳐

나는 조금 우울해졌던 것 같다. 사랑으로 완성되는 삶이란 것이 조금 고단하게 느껴졌다. 그리고 우울함을 지나쳐 그 모든 것을 마무리하는 지금 이 순간, 다정한 마음이 스친다.

수현씨도 그녀의 엄마도 열정적인 사랑을 했던 그들이 참 아름답게 보인다. 그리고 나도, 내 삶을 스쳐지나간 인연들과 지금 내 곁에 있는 가족들도. 삶은 참 살아볼만하고 사랑 역시 해볼만 하다고 생각한다.

사랑은 100미터 달리기로 승부를 가리는 일이 아니니까. 오히려 그 과정은 마라톤에 가깝고 이기고 지는 것이 아무 의미가 없으니 그냥 조금 쉬어가도 상관없다. 무엇보다 열정을 조금 덜어낸 사랑도 충분히 따뜻했다.

내게 사랑을 다시 한번 생각하고 정리할 기회를 주신 출판사 관계자 분들께 감사드린다. 더불어 나를 사랑해주고 내가 사랑했던 모든 이들에게 고마움을 전하고, 특별히 이 책에 인용된 문학작품과 영화를 소개해주신 김호영 교수님께 감사한 마음을 전한다.

조금 지치더라도 그래서 홀로 외로운 시간을 보낸 후 그 모양새는 조금 바뀐다 하더라도, 그래도 사랑은 계속된다.

연애에 대한 궁금증 20문 20답

Q1 오랜만에 좋아하는 사람이 생겼어요. 내 아픈 과거를 말하면 그가 떠날까요?

아픈 사랑을 하고 난 이후에는 새로운 사랑을 시작하기가 쉽지 않습니다. 그래서 더 잘 지켜내고 싶은 욕심이 생기죠. 아픈 기억을 애써 감추게 된다면 어떨까요? 무언가 숨기는 것이 생기면 나의 태도는 부자연스러워집니다. 이때 거리감을 느껴 서운함에 한발 물러선 상대를 나는 어떻게 해석하게 될까요? 어쩌면 내 아픈 과거 때문이라고 오해하게 될 수도 있습니다. 말로 한 적도 없으면서 내겐 항상 따라다니는 치부일 수 있으니까요. 일부러 얘기를 꺼낼 필요는 없지만, 자연스럽게 이야기할 시점이 찾아온다면 숨기지 말고 말해보세요. 혹여 그로 인해 상대가 떠날 것 같다면 그런 두려움도 함께요. 이때 상대가 나를 기꺼이 안아준다면 사랑은 더 깊어질 것입니다.

Q2 막 사귀기 시작한 애인의 이전 연애가 궁금한데 막상 들으면 기분이 좋지 않을 것 같기도 합니다. 물어봐도 괜찮을까요?

사랑하는 사이라고 모든 것을 다 얘기해야 더 좋은 것은 아닙니다. 상대의 기분은 고려하지 않은 채 내 마음 편하라고 얘기를 꺼낸다면 그것 역시 일종의 폭력일 수 있죠. 반대로 궁금한 얘기를 듣고자 할 때, 먼저 내 마음을 들여다보는 것이 중요합니다. 내가 왜 지금 이 사람의 과거가 궁금한지, 혹시 뭔가 자신이 없어졌거나 불안해서 비교 대상이 필요한 건 아닌지. 그렇다면 굳이 물어보지 마세요. 비교는 결국 우리를 비참하게 만들거예요. 평가의 잣대를 들이댔을 때 어느 순간엔 내가 우위가 되어 기분이 좋아지겠지만 반드시 그 반대의 경우도 찾아오게 될 것입니다.

Q3 이미 헤어진 사람이 자꾸 생각나서 지금 만나는 사람에게 미안한 마음이 듭니다. 지금 이 사람을 사랑하지 않는 걸까요?

그럴 수도 있고, 아닐 수도 있습니다. 헤어진 사람이 자꾸 떠오른다고 해서 그 사람을 더 사랑했다고 말할 수는 없어요. 때로 분노의 감정이 그리움 등의 긍정적 감정으로 바뀌기도 하는데 이를 '반동형성'이라고 합니다. 즉 어떤 이유로건 헤어진 애인에 대해 화가 났고 그것을 표현하면 안 되는 상황에서 억압된 감정이 기억 속 관계를 미화시켜 내 마음을 편하게 하려는 무의식적인 노력인 것입니다. 꼭 화가 난 게 아닐지라도 충분히 털어내지 못한 것일 수 있죠. 혹은 지금 만나는 관계에서 이전 상황을 떠올리게 되는 불안 요소가 있거나, 이전 상대와는 상관없이 지금 이 사람에 대해 못마땅한 부분이 있는지도 모릅니다.

Q4 소개팅 후에 몇 번 만나고 분위기도 괜찮았는데 갑자기 연락을 끊어버렸어요. 연락을 계속 해보자니 스토커 같고, 가만히 있자니 자꾸 안 좋은 생각을 하게 되네요. 어떻게 해야 할까요?

혼자 계속 생각하면 당연히 부정적인 생각으로 빠질 수밖에 없습니다. 그렇다고 답이 없는 상대에게 계속 연락을 하는 것도 기운 빠지는 일이죠. 주변 사람들에게 얘기하면서 털어버리세요. 이유를 생각하자면 아주 많은 보기를 들 수 있을 거예요. 그리고 그 모든 건 상대방의 문제인 것이지 내 탓은 아닙니다. 물론 나의 태도에 실망했을 수도 있어요. 그러면 우선 대화가 필요할 텐데 연락을 아예 끊어버린다는 건 단순히 그 문제만은 아닌 겁니다. 내가 통제할 수 없는 그의 사정이 있겠거니, 내 생각만큼 나와 잘 맞는 사람은 아니겠거니 생각하고 내려놓으세요. 어쩌면 더 깊어지기 전에 마무리된 것이 다행일 수 있습니다.

Q5 주변에서 만나라고 부추기는 상대가 있는데 저는 별로 끌리지 않아요. 억지로라도 계속 만나봐야 하는 걸까요?

억지로 계속 만날 수는 없어요. 다만 조금 더 시간을 두고 기다려볼 수는 있을 거예요. 주변 사람들의 의견을 듣는 것이 오히려 방해가 될 수도 있습니다. 상대방만 보고 나와 잘 맞는 부분을 찾아보세요. 다만 그렇게 노력을 기울일 땐 그럴 만한 이유가 있어야 합니다. 소위 말하는 좋은 조건들 이외에 내 마음에 드는 어떤 것이 한 가지는 있어야 해요. 열정적인 사람이라 만나면 힘이 난다거나, 선한 태도를 배우고 싶다거나. 누구나 그만의 매력을 하나쯤은 갖고 있습니다. 단, 좋은 사람인 건 알겠지만 아무런 감정이 들지 않는다거나 만날수록 부정적인 것만 눈에 들어온다면 그만 두세요. 좋은 사람이라고 꼭 내 인연이어야 하는 것은 아닙니다.

Q6 나이 어린 남자와 사귀고 있어요. 그런데 현실적으로 결혼은 어려울 것 같아서 순간 허무해집니다. 그와 그냥 헤어져야 할까요?

사회가 많이 변하긴 했지만 나이를 따지는 문화는 여전한 것 같습니다. 나는 상관없는데 주변에서 계속해서 말을 하면 나 역시 흔들리기 쉽죠. 더군다나 결혼은 양가 어르신들을 설득해야 하는 과정 때문에 더 고단하게 느껴집니다. 그렇다고 사랑하는 마음을 무 자르듯 잘라낼 수는 없어요. 주변 상황이 어떻든 간에 가장 중요한 것은 서로의 마음입니다. 난관에 부딪쳤을 때 어떻게 해결해나갈 것인지 서로 뜻이 맞는다면 별로 문제가 아닐지도 몰라요. 허무해지는 순간 진지하게 대화를 나눠보세요.

Q7 연인의 취미 생활을 어디까지 이해해야 하나요?

연인의 취미 생활을 이해하지 못하는 건 어떤 걸까요? 서로의 취미 생활이 같으면 더 좋지만 그렇지 못할 경우는 각자의 여가를 즐겁게 보낼 수 있게 존중하고 배려하는 것이 이상적인 관계입니다. 그러나 '이해해야만' 하는 것이 있을 수 있어요. 즉 '아, 그게 좋구나!'라고 넘어가지지 않는다면 머리로라도 이해를 해야 하는 문제가 되는 것이죠. 예를 들면, 나는 게임이 너무 싫은데 애인은 틈만 나면 게임을 해야 스트레스가 풀린다면 어떨까요? 우선 내가 싫다고 해서 무조건 나쁜 것은 아니라는 걸 인정해야 하고, 두 번째로는 그의 취미 생활이 왜 내게 문제가 되는지를 생각해보세요. 취미 그 자체의 문제가 아니라 그로 인해 내게 좌절되는 욕구 때문인지도 모릅니다. 함께하는 시간이 줄어드는 게 아쉬울 수도 있고요. 그렇다면 취미 자체를 비난할 게 아니라 다른 측면을 이야기하며 타협해나가는 것이 필요합니다. 내 마음을 잘 알고 그대로 솔직하게 요청하는 것이 무엇보다도 중요합니다.

Q8 연인에게 이성 친구가 많은 것이 신경 쓰이는데 어떻게 해야 하나요?

때로 동성보다 이성이 더 편한 사람들이 있습니다. 우리 안에 여성성과 남성성이 모두 있지만, 어느 것이 더 자연스럽게 발휘되느냐에 따라서 성향이 달라질 수 있죠. 여성성이 높은 남성은 여성과 대화하는 것이 전혀 어색하지 않습니다. 나아가 동성과 나누지 못하는 측면을 이성 친구를 통해 얻고 싶을 수도 있어요. 반대도 마찬가지입니다. 남성성이 높은 여성은 감정을 뺀 논쟁이나 무심한 관계에 끌리기도 하죠. 어쩌면 내가 이 사람을 사랑하게 된 배경과도 무관하지 않을 거예요. 그래서 더 불안할 수 있습니다. 어느 정도는 인정하고 허용해주세요. 무조건 안 된다고 하면 내 성향을 무시하고 의심하는 상대에게 반발심이 들 거예요. 반발심이 생기면 문제는 더 복잡해집니다. 더불어 내 불안한 마음도 조금은 배려해달라고 요청해보면 어떨까요?

Q9 같이 시험을 준비했는데 제가 먼저 합격을 하게 되었습니다. 연인은 축하한다고 했지만 제가 신경이 쓰입니다. 이럴 땐 어떻게 해야 할까요?

어떤 게 신경이 쓰일까요? 상대의 실패에 대해 함께 속상한 것일 수도 있고, 내 기쁨을 나눌 수 없다는 불편함일 수도 있을 거예요. 이런 상황은 두 사람이 함께할 때 언제든 벌어질 수 있습니다. 사랑하는 사이여도 경쟁하게 될 수 있고, 성공과 실패의 결과에 따라 서로에 대한 불편함이 생길 수 있죠. 그걸 잘 끌어안고 갈 수 있어야 한층 성숙한 사랑을 할 수 있습니다. 먼저 진지하게 이야기를 꺼내보세요. 축하해주는 마음도 기꺼이 받고, 그 이면에 속상할 마음도 충분히 들어주세요. 불합격은 단지 우리 인생의 작은 실패일 뿐이라고 안심시켜주고, 앞으로 어떻게 할지 고민할 때 손을 꼭 잡아주세요. 기꺼이 함께하겠다고요.

Q10 참 괜찮은 사람을 만났는데 상대가 별로 적극적이지 않아요. 내가 먼저 좋아하는 걸 표현해도 될까요? 그럼 처음부터 지는 게임이 될 것 같아 망설여져요.

놓치는 것보다 먼저 표현하는 게 좋지 않을까요? 사랑은 이기고 지는 게임이 아닙니다. 또 관계는 '시소 타기' 같아서 처음에는 상대편으로 기우는 것 같아도 결국은 균형을 맞추게 되고, 또 때론 내 편으로 기울게 되기도 합니다. 괜찮은 사람이란 생각이 들 땐 주저 말고 손을 내밀어보세요. 단, 친밀해지는 관계에서 속도를 맞춰가는 건 또 다른 문제일 거예요. 내 마음만 생각하고 들이대면 상대는 달아날지도 모릅니다. 서로의 마음을 잘 살피면서 조심스럽게 다가간다면 먼저 표현하는 것이 문제가 될 건 없습니다.

Q11 너무 자주 싸우는데 막상 헤어지지는 못하겠어요. 어떻게 해야 할까요?

싸우는 이유가 늘 반복되나요? 1년 이상 만났는데 똑같은 이유로 계속 싸운다면 그건 싸우긴 하지만 서로 잘 풀고 이해하지는 못한다는 뜻입니다. 갈등 자체를 두려워할 필요는 없지만 부딪치는 지점을 잘 해결하는 것이 중요해요. 아마도 제대로 해결해본 적이 없으니까 헤어질 수 없는 것 아닐까요? 서로 뭐가 잘못된 것인지 따져보지 않았으니 미련이 남을 수밖에요. 더 제대로 싸워보세요. 싸울 때 끝까지 내 의견을 말하지 못하고 있거나 상대의 말을 듣고 있기 힘들다면 그 이유가 있을 거예요. 혼자 남게 되는 것이 두려운 것인지, 거절이 어려워 그저 끌려가는 것인지도 생각해볼 문제입니다.

Q12 친구가 애인을 소개해준다고 해서 만났는데 동성이에요. 너무 충격적인데 어떻게 받아들여야 할까요?

이성애와 동성애는 서로 다른 성적지향일 뿐이지 잘못된 것이 아닙니다. 과거 정신 병리로 분류되던 동성애는 1973년 미국정신의학회 정신질환의 진단 및 통계 편람(DSM)에서, 이후 1992년 세계보건기구WHO의 국제질병분류ICD에서 삭제되었습니다. 현재 세계적인 의학, 상담 및 정신건강 관련 학계의 공식적인 입장은 동성애를 하나의 성적지향으로 존중하는 것입니다. 사회적 편견이나 차별로 고통받고 있는 성소수자들의 입장을 생각해보세요. 모두가 이성을 사랑해야 하는 것은 아닙니다. 당황할 순 있지만 어렵게 마음을 연 친구의 마음을 헤아려주세요. 그리고 나와는 다른, 그들의 사랑을 응원해주세요.

Q13 만나고 헤어지고를 반복하는 중입니다. 헤어지면 못 견디겠는데 꼭 그 사람이 좋아서인 것 같지는 않아요.

의미 없는 만남을 이어가는 것은 그만큼 소중한 사람을 만날 기회를 버리는 것이라 좀더 신중할 필요가 있습니다. 헤어지면 무엇이 견디기 힘들까요? 그저 단순히 혼자 있는 시간이 너무 무료한 것이거나 나를 사랑해주는 사람이 없다는 생각에 불안한 것이라면 멈추세요. 사랑은 서로에게 베풀고 그만큼 더 커지는 것이지, 나의 지루함이나 불안함을 채워주는 도구가 되어서는 안 됩니다. 상대에 대한 연민이나 동정만 있다면 그 또한 위험합니다. 일방적으로 누군가를 위해 희생해야 한다면 그 관계는 오래 갈 수 없어요. 처음엔 상대의 행복이 곧 나의 행복이라고 생각할지 몰라도 결국에는 나 역시 행복할 수 있어야 사랑입니다.

Q14 애인과 만나는 시간이 편하지가 않아요. 그 사람이 참 좋고 안 보면 보고 싶은데 만나면 말도 잘 못하겠고 위축되는 것 같아요. 이대로 괜찮을까요?

무엇이 불편한지 좀더 구체적으로 생각해볼 수 있을까요? 할 말을 잘 못한 채 분위기에 휩쓸리거나 무작정 맞춰주게 된다면, 함께 있는 시간을 충분히 즐기지 못해 아쉬움이 남을 수 있습니다. 서운한 걸 표현 못하고 쌓아두다가 거리감이 생길 수도 있어요. 혹시 다른 관계에서도 대면하는 것보다 전화나 메시지로 더 잘 이야기하는 편인가요? 나를 있는 그대로 보여주는 것이 어색하고 부끄러운 건지도 몰라요. 상대가 실망할까봐 조심하고 있는 것일 수도 있고요. 좀 더 솔직하게 만나보세요. 상대에 대한 부정적인 피드백도, 나의 빈틈을 보여주는 것도 모두 서로를 깊이 만날 수 있는 좋은 기회가 될 수 있습니다. 자신감을 갖고 당당히 만나세요.

 평소엔 참 다정하고 좋은 사람인데 술만 마시면 폭력적이에요. 이 사람과 결혼해도 되는 건지 고민이 됩니다.

일단 거리를 두고 진지하게 대화를 나눠보세요. 그대로 결혼한다면 같은 상황을 더 심하게, 또 반복적으로 경험하게 될 거예요. 보통 술을 마시면 긴장이 풀립니다. 그래서 평소 참았거나 감추었던 무언가가 쏟아져 나올 수 있어요. 술만 마시면 폭력적으로 된다는 건, 화가 많이 쌓여있다는 뜻일 수 있습니다. 폭력성의 정도에 따라 심리상담을 받도록 권유해보면 어떨까요? 외부로부터 공격을 당하는 상황이 아닌데도 화를 내지르는 건 오랫동안 쌓인 감정일 가능성이 큽니다. 어려서부터 학대를 당했거나 무방비 상태로 폭력적인 환경에 노출되어 있었을 수도 있고요. 혹은 현재 나와의 관계에서 무언가 많이 참고 누르느라 고생하고 있는지도 몰라요. 그렇다면 충분히 듣고 현실적으로 서로의 욕구를 살피고 조율하는 과정이 필요할 수도 있습니다. 공격성은 모두에게 내재되어 있는 자연스러운 감정입니다. 그러나 폭력을 휘두르는 것은 다른 문제죠. 성숙한 사람은 내 안의 공격성을 인식하고 상대가 다치지 않게 잘 표현할 줄 압니다. 미성숙한 우리로서는 그것을 배우고 연습하는 과정이 바로 연애가 아닐까 싶어요.

Q16 애인이 어머니와 한 시간 넘게 통화하는 걸 봤어요. 평소에도 자주 그런다는데 왠지 기분이 이상했습니다. 너무 가깝게 지내는 게 신경이 쓰여요.

성인이 되면서 부모님과의 관계는 변해갑니다. 유독 부모님께 많이 의지하던 자녀도 자기 의견이 강해지고 부딪치면서 멀어질 수 있고. 반대로 늘 반항하고 거리를 두던 자녀는 뒤늦게 엄마가 그리워 사랑을 얻기 위해 인정에 목을 매기도 하죠. 여기서 중요한 것은 '온전한 나로 독립할 수 있는가'입니다. 이를 위해서는 부모님과의 관계를 객관적으로 바라볼 수 있어야 합니다. 한 시간 넘게 통화하는 내용이 어머니의 하소연을 듣는 것이라면 어떨까요? 어머니에 대한 연민이나 책임감에 참고 있다면 그로 인한 스트레스 역시 클 것입니다. 어느 정도는 끊고 스스로를 보호할 수 있어야 합니다. 이에 대한 문제의식을 갖고 조절하고 있다면 괜찮지만, 전혀 의식하지 못하고 있고 오히려 상대방을 이상한 사람으로 몰아간다면 곤란합니다.

Q17 애인이 한번 제게 거짓말을 한 이후로 신뢰가 깨졌어요. 헤어지고 싶지는 않은데 매번 의심이 되어 서로 힘듭니다. 여기서 그만 멈춰야 할까요?

누구나 실수할 수 있습니다. 거짓말은 물론 나쁘고, 깨진 신뢰를 회복하는 것이란 말처럼 쉬운 일이 아니죠. 그럼에도 불구하고 헤어지고 싶지 않다는 건 그를 믿는 마음이, 최소한 믿고 싶은 마음이 남아 있다는 뜻일 거예요. 의심이 들 때 일단 믿기로 결심하세요. "~하면 믿어줄게!"라고 조건을 건 믿음은 오래 갈 수 없습니다. 결국 나의 불안은 내 스스로 다스려야 하니까요. 불안한 마음이 계속 된다면 그 어떠한 조건으로도 안심할 수 없어 또 다른 조건들을 계속해서 만들어냅니다. 혹시 불안과 의심이 나의 뿌리 깊은 문제 때문이라면 어떨까요? 그곳을 계속해서 건드리는 상대라면? 만남을 지속하며 힘든 과정을 통해 나를 더 단단하게 만들거나 헤어지거나, 둘 중 하나를 선택하면 됩니다.

Q18 저는 대화하는 것을 좋아하는데 그 사람과는 말이 잘 통하지 않습니다. 인성이나 외모, 따뜻한 마음 등 모든 게 완벽한데 대화하는 걸 포기해도 될까요?

말이 잘 통하지 않는다는 건 어떤 걸까요? 서로 말하는 방식이 다르고 성향이 달라서 소통이 잘 안 되는 거라면 좀더 상대방에 대해 알아보고 조율하는 시간이 필요할 거예요. 아니면 대화의 소재에 대한 관심도가 너무 달라서인가요? 그렇다면 나의 관심사를 그에게 잘 설명해줄 수 있는지, 그것을 상대가 받아들일 수 있는지 도전해보세요. 노력해도 잘 안 될 수 있어요. 흔히 코드가 안 맞는 사람이 있다고 하잖아요. 그럼에도 불구하고 사랑하게 되었다면 뭔가 서로 맞는 구석이 있는 걸 거예요. 그 부분을 잘 찾아서 살려갈 수 있습니다. 이때 욕구의 우선 순위를 따져보면 어떨까요? 내가 관심 갖고 있는 분야에 대해 신나게 토론하고 소통하는 것이 내게 얼마나 중요한 욕구인지 생각해 보세요. 또 내게 중요한 욕구가 변할 수도 있어요. 어떤 관계도 완벽할 수 없습니다. 그러니 뭔가에 끌려 사랑하게 되었다면 마음에 안 드는 부분이 있더라도 인정하고 내려놓을 수 있어야 합니다. 사랑은 운명처럼 다가올 수 있지만, 사랑을 유지하는 것은 노력이 필요한 일이라는 걸 잊지 마세요.

Q19 애인이 만날 때마다 휴대폰을 검사해요. 처음엔 굳이 감출 것도 없고 대수롭지 않게 생각했는데 왠지 이건 아닌 것 같아요.

서로의 사생활은 존중되어야 합니다. 그리고 아무리 사랑하는 사이여도 어느 정도의 거리를 유지하는 것은 필요합니다. 각자의 공간을 갖고 휴식하고 싶은 것은 인간의 보편적인 욕구이기도 하니까요. 그리고 어느 정도 거리가 있어야 서로에 대한 호기심을 유지할 수 있고 그만큼 새로운 마음으로 상대를 낯설게 바라보며 사랑할 수 있는 기회가 많아질 거라고 생각해요. 그러니까 휴대폰은 내어주지 마세요. 감출 것이 있어서 보여주지 않는 것이 아니라 서로의 삶에 대한 예의를 지키는 행위로써 휴대폰 검사는 하지 말자고 제안해보세요. 휴대폰을 검사한다고 다 알 수 있는 것도 아니고, 안전한 것도 아닙니다. 작정하고 상대를 속이기로 마음 먹은 사람이라면 휴대폰 검사쯤은 쉽게 통과할 수 있을 거예요.

Q20 애인의 연락이 뜸해졌어요. 만난 지 1년쯤 되어 가는데, 사랑이 식은 걸까요?

언제나 처음처럼 뜨겁게 연애할 수는 없습니다. 만약 그렇다면 관계를 지속하기가 더 어려울지도 몰라요. 서로를 향한 열렬한 마음으로 아무것도 손에 잡히지 않는 시기가 계속 이어진다면 내 삶을 희생시키면서 누군가를 만나야 하는 거잖아요. 시간이 흐르면서 서로에 대한 열정이 잦아드는 건 당연한 과정이고 또 다행인 일이기도 합니다. 문제는 식은 사랑을 어떻게 잘 유지해서 서로에게 도움이 되는 관계로 만들어 갈 것인가입니다. 조금 거리를 두고 각자의 삶을 돌아볼 때인지도 모릅니다. 즉 그가 나를 대하는 태도에 예민해지기보다 내 삶에 대한 고민을 나누고 그의 삶을 그 자체로 진지하게 바라봐주면 어떨까요?